KB168330

논어를 읽으면 사람이 보인다

이한우의 지인지감

논어를
읽으면
사람이
보인다

知人之鑑

이한우 지음

해냄

리더의 입장에서 사람을 알아보는 책, 『논어』

올해로 필자가 『논어(論語)』를 파고든 지 12년째다. 2007년 처음 어떤 한학자를 찾아가 옛날 서당식으로 배웠는데 6개월 만에 접었다. 그가 가르치는 방식은 정작 『논어』의 내용은 한 걸음도 파고들지도 못한 채 문자에 머물러 소리만 내는 것 같았기 때문이다. 질문을 하면 그냥 외우라는 식이었다. 그건 제대로 된 공부(工夫)라 할 수 없다. 그 후에 혼자 한문(漢文)의 바다에 뛰어들어 5년간의 한문 공부를 기반으로 여러 한문 고전들을 번역했다. 지금도 반고(班固)의 『한서(漢書)』를 비롯해 여러 한문 고전들을 우리말로 옮기는 작업을 하고 있다.

그것은 단순히 문자를 바꾸는 작업이 아니라 조선 시대라는 우리 조상들의 정신세계, 그리고 그 원천이 되는 고대 중국의 역사 세계를 21세기 대한민국의 정신세계로 옮겨오는 작업이라 할 수 있다.

흥미로운 것은 여러 한문 고전들을 접하면 접할수록 점점 더『논어』의 중요성을 새삼 절감하게 된다는 사실이다. 무엇보다 옛사람들이『논어』를 읽고 이해하는 방식과 내용이 오늘날 대학이나 재야의 한학자들이 가르치는 방식이나 내용과 너무나도 다르다는 점을 알게 되면 의아할 정도다. 어떻게 이렇게 오독(誤讀)할 수가 있을까? 오히려 옛사람들이 현실의 문맥 속에서『논어』의 의미를 훨씬 정확하게 읽어내고 그것을 다시 현실에 적용하고 있었다.

그래서 만약에 사람들이 나에게『논어』란 어떤 책이냐고 물어보면 서슴지 않고 "사람을 잘 알아보는 책입니다"라고 말한다. 그러면 십중팔구 기존의『논어』해석에 익숙한 현대인들은 믿을 수 없다는 표정을 보인다. 심지어 뭔가 외곬으로 파고든 지엽 말단적인 이야기를 과장해서 하는 말 정도로 들으려 한다. 고상한 도덕이나 도리를 기대했다가 실망한 표정들이 역력하다.

그러나 백 번 천 번 물어도 대답은 한 가지다.『논어』는 사람 보는 책이다. 그렇다고 관상(觀相) 보는 법을 일러주는 책은 아니다. 한마디로 말과 행동, 즉 언행(言行)을 살펴 그 사람의 깊은 속을 들여다보려는 것이『논어』식의 사람 보는 법이다. 그것이 옛사람들이 즐겨 썼던 지인지감(知人之鑑), 즉 사람을 알아보는 거울이라는 것이고 또『논어』에 관한 한 한·중·일 최고의 주석서 중 하나인『논어고금주(論語古今註)』를 쓴 다산(茶山) 정약용(丁若鏞)의 말로는 관인지

법(觀人之法), 즉 사람을 살펴보는 방법이다.

그게 무슨 뜻인지는 제쳐두고 많은 사람들은 맨 앞에 나오는 학이시습(學而時習)은 들어봤어도 『논어』라는 책이 어떤 구절로 끝나는지를 잘 모르는 듯하다. 사실 그 끝 구절이야말로 『논어』가 어떤 책인지를 설명해주고 있는데도 말이다.

"말을 알지 못하면 사람을 알 수 없다."(요왈 3)

不知言 無以知人也
부지 언 무이 지인 야

이 구절은 그냥 끝에 있는 것이 아니라 『논어』라는 책의 최종 결론이라는 점에서 그 뜻을 명확히 해야 한다. 말을 안다는 것은 어떤 사람이 하는 말만 듣고서도 정확히 그 속내를 읽어낸다는 뜻이다. 그래야 그 사람을 알 수 있다는 말이다.

짧은 구절이지만 그 안에 함축된 의미는 『논어』 전체를 통해 쉽게 풀어낼 수 있다. 사실 행동으로 드러나고 나면 그 사람을 아는 것은 쉽다. 대신 행동으로 드러나기 전, 그 사람이 하는 말만 가지고 그 사람을 안다는 것은 여간 어려운 일이 아니다. 특히 짧은 몇 마디 말만으로도 그 사람의 사람됨을 알아차릴 수 있다면 우리는 세상 살아가는 것이 한결 쉬울 것이다.

그런데 이 구절은 일반 사람한테도 필요하겠지만 무엇보다 지도자에게 필요한 것이다. 즉 지도자는 사람을 쓰는[用人] 자리에 있기 때문에 무엇보다 사람을 잘 알아보는 것이 필수적이다.
용인

우리의 조상들은 그것을 '지인지감(知人之鑑)'이라고 불렀다. 다산 정약용은 좀 더 구체적으로 '관인지법(觀人之法)'이라는 용어를 즐겨 사용했다.

사실 조선 시대 임금이나 관리들의 논어력(論語力)과 비교하면 지금 우리의 논어력은 부끄럽다 못해 참담한 수준이다. '중용(中庸)'이라는 말은 책 이름이기도 하지만 『논어』에 나오는 말인데 지금도 유학(儒學)을 전공했다는 사람들조차 '좌우 균형', '조화', '치우치지 않음' 운운한다. 무슨 말인지 모른다는 뜻이다. 중용(中庸)은 명사가 아니라 적중하여[中] 유지한다[庸=常]는 두 개의 동사다. 사안의 본질에 적중해 그것을 오래 품고 가는 능력이나 태도를 말하는 것이다. 그래서 『조선왕조실록』에는 부중(不中)이라는 말이 자주 사용되는데 이 또한 법률 적용이나 어떤 문제의 해결책 등이 사안에 딱 맞아떨어지지 않는다는 뜻이다. 사리나 사안에 적중하지 못했다는 말인 것이다.

그런데 우리의 『논어』 이해는 여전히 선비의 정신 수련 방법 정도에 머물고 있다. 지도자가 사람 보는 법을 배워 훌륭한 사람들과 더불어 멋진 일을 해내는 데 도움을 주는 책이라는 사실은 전혀 깨닫지 못하고 있다. 사실 지금처럼 선비의 심신수양서 정도로 『논어』라는 책을 곡해시킨 장본인은 주자(朱子)를 비롯한 성리학자들이다. 송나라 유학자들이 중심이 된 이들은 원래는 존재하지도 않았던 『논어』『맹자(孟子)』『대학(大學)』『중용』이라는 사서(四書)의 체계를 만든 장본인들이다. 그전에는 이런 체계가 존재하지도 않았다.

그런데 이런 체계에 들어가는 순간 제왕학(帝王學)이나 리더십 이론으로서의 『논어』의 면모는 다 사라지고 그 책은 한갓 마음 다스리는 법 정도를 알려주는 책으로 전락해버린다. 사실 이 문제는 별도의 책을 써야 할 만큼 중대한 사안이니 그것을 짚어내는 것은 다른 기회로 미룬다. 다만 한 가지 분명히 해둘 것이 있다. 공자의 가르침을 굳이 유학이라고 한다면 유학이라는 말까지는 받아들이겠는데 성리학(性理學)은 '노 생큐!'다. 성리학의 틀에 속한 『논어』를 읽어서는 그것이 진정 무엇을 말하는지 알아차리기 어렵다. 사서(四書)라고 하는 성리학의 굴레를 벗겨낼 때 『논어』는 생생하게 살아있는 목소리로 그 안에 담겨 있던 내면의 목소리를 들려준다. 그것은 말하는 사람이 아니라, 일하는 사람을 위한 지인지감의 지혜다.

『논어』를 둘러싼 주자학과 반(反)주자학의 대립을 모르는 독자라면 이게 무슨 소린가 할지 몰라서 간단한 예 한 가지를 들겠다. 『조선왕조실록』 중에서 『숙종실록』 숙종 1년(1675년) 1월 18일의 기록이다.

> 임금이 주강(晝講-경연의 일종)에 나아갔다. 윤휴(尹鑴)[1]도 입시(入侍)했다. 윤휴가 말했다.
> "『논어』의 주(註)는 읽을 필요가 없습니다."
> 동지사(同知事) 김석주(金錫胄)[2]가 말했다.
> "『논어』의 주는 버릴 수 없습니다."

윤휴가 말했다.

"(임금의 공부는) 과거(科擧)를 보는 선비가 공부하는 것과 다르니 읽을 필요가 없습니다."

(경연) 검토관(檢討官) 이하진(李夏鎭)이 말했다.

"윤휴의 말이 매우 옳습니다."

여기에는 약간의 설명이 필요하다. 이때는 왕당파라 할 수 있는 남인(南人)이 정권을 장악한 때라 남인의 정신적 지도자인 윤휴가 경연에 들어와서 주자의 집주(集註)는 읽을 필요가 없다고 밝힌 것이다. 즉 주자의 집주에 따라 『논어』를 읽을 경우 사대부 중심주의 세계관

---

1) 원래 당색에 구애되지 않았으나, 1659년(현종 즉위년) 기해예송 때는 포의(布衣)로서 송시열의 주장에 오류가 있음을 지적했고, 1674년(현종 15년) 갑인예송 때에도 서인 측 견해의 잘못을 지적함으로써 서인 측과 틈이 생겨 출사한 후에 남인으로 활약하였다. 하지만 허적(許積)을 중심으로 한 탁남(濁南)과는 입장이 달라 허목(許穆)과 함께 청남(淸南)을 이루었다. 평생의 신념이었던 북벌을 실현하기 위해 재직 중 도체찰사부(都體察使府)를 설치하고, 무과인 만과(萬科)를 설행하였으며, 병거(兵車-戰車)와 화차(火車)의 개발을 고안해 보급하고자 하였다. 군권(軍權)의 통합을 기한 도체찰사부의 설치는 서인 및 종척인 김석주 등의 반발을 사서 경신환국(1680년)의 원인이 되기도 하였다.

2) 서인 산당(山黨)이 집권하던 시절에 서인 한당(漢黨)이었기에 중용되지는 못하였다. 갑인예송(1674년) 때, 남인 허적 등과 결탁해 송시열, 김수항(金壽恒) 등 산당을 숙청하고 수어사, 도승지로 특진되었다. 그러나 남인의 정권이 강화되자 다시 서인들과 손을 잡고 송시열을 제거하려는 남인들의 책동을 분쇄하였는데, 이때부터 송시열과 친밀한 사이가 되었다. 1680년에 허적 등이 유악남용사건(油幄濫用事件)으로 실각한 뒤, 남인 잔당을 몰아내고자 허견(許堅)이 역모를 꾀한다고 고변하게 하였고, 또 전익대(全翊戴)를 사주해, 허새(許璽) 등 남인들의 역모를 고변하게 하는 등 음모를 꾀하였다. 하지만 이 같은 행동은 같은 서인 소장파로부터 반감을 사서 서인이 노론·소론으로 분열하는 원인의 하나를 제공하였다.

이 심어지게 되고 따라서 군약신강(君弱臣强)의 사고방식이 14세의 어린 숙종에게 배어들 것을 염려한 것이다. 그러니 반(反)왕당 세력이자 주자학을 신봉하는 서인(西人)의 김석주는 그냥 있을 수가 없었다. 그래서 주를 버릴 수 없다고 한 것이다. 물론 여기서 말하는 주도 주자의 집주다. 두 사람의 논전에 이하진이 끼어들어 윤휴의 손을 들어준다. 이하진은 다름 아닌 훗날 남인의 최고 이론가이자 다산 정약용의 정신적 스승 역할을 하게 되는 성호(星湖) 이익(李瀷)의 아버지다. 당연히 남인이다. 먼 훗날 정약용이 유배지에서 최고의 학술 저작인 『논어고금주』를 쓰게 되는 것도 실은 이 같은 서인들의 주자적인 『논어』 해석을 뛰어넘기 위한 거대한 프로젝트 차원에서 이뤄진 하나의 시도였다.

사실 이 문제는 간단한 문제가 아니었다. 결국 수세에 몰려 있던 서인은 그럼에도 불구하고 주자의 집주를 통한 『논어』 읽히기를 시도한다. 서인들은 그만큼 집요했다. 5개월여가 지난 윤5월 26일 승지 김만중(金萬重)[3]이 다시 서인을 대변해 반격에 나선다.

"신은 듣자오니 윤휴가 성상께 『논어』의 주를 읽을 필요가 없다'고 청했다 하니 그 말은 마땅하지 못합니다. 주는 곧 경을 해석한 글

---

3)『구운몽』과 『사씨남정기』의 작가로, 조선조 예학의 대가인 김장생(金長生)의 증손이며, 충렬공(忠烈公) 김익겸(金益謙)의 유복자이다. 또한 광성부원군(光城府院君) 김만기(金萬基)의 아우로 숙종의 초비(初妃)인 인경왕후(仁敬王后)의 숙부가 된다. 서인의 격정적인 행동대장이기도 했다.

이니, 주를 읽지 않고서 어떻게 경의 뜻을 찾아 알겠습니까? 『논어』는 주자의 주석을 폐기할 수가 없습니다. 중국에서는 육상산(陸象山)과 왕양명(王陽明)의 다른 학파(양명학)가 있어서 주자의 주를 취하지 않기도 합니다. 그러나 우리나라에서는 조종조(祖宗朝)로부터 한결같이 주자의 주만을 취하여 수백 년 동안을 경연에서 써왔습니다. 하물며 『논어』의 (주자의) 주가 가장 좋은 것인데 어찌 읽지 않고 되겠습니까?"

이날 실록은 "임금이 얼굴에 노기(怒氣)를 띠고 답하지 않았다"라고 적고 있다. 나이는 어렸지만 영명했던 숙종은 김만중의 이 같은 말에 담긴 속뜻을 이미 알고 있었기 때문이다. 그랬기에 이처럼 노기를 띠며 아무런 말도 하지 않았던 것이다.

윤휴와 김석주, 혹은 남인과 서인의 이 같은 논란을 떠나서 보더라도 『논어』는 그 자체를 원류로 삼아 다양한 주석이나 해석들을 참조하면 되지 어느 하나의 주를 고집할 필요는 없다. 왜냐하면 『논어』는 그 안에 스스로를 풀어낼 수 있는 단서들을 거의 다 품고 있는 책이기 때문이다.

이 책에서는 『논어』의 구절 자체를 깊이 파고들기보다는 그동안의 공부 결과를 바탕으로 해서 중국의 역사 및 우리 역사 속의 인물들을 읽어내는 데 그 구절들을 적용해보고자 한다. 실제로 현실 속에 적용할 수 없는 것이라면 아무런 의미도 없을 것이기 때문이다. 이와 관련해서는 공자의 다음과 같은 한마디 말을 지표로 삼고자 한다.

"『시경(詩經)』300편을 외우더라도 정사를 맡겼을 때 잘하지 못하고, 외국에 사신으로 나가 혼자서 응대하여 처결하지 못한다면 비록 많이 배웠다 한들 또한 어디에다 쓰겠는가?"(자로 5)

誦詩三百 授之以政不達 使於四方不能專對 雖多亦奚以爲
송 시 삼백　수 지 이 정 부달　사 어 사방 불능 전대　수 다 역 해 이 위

달달 외우기만 해서는 안 된다는 말이다. 적용(application)의 중요성을 이처럼 절절하게 표현한 말을 알지 못한다.

이제 감사의 인사를 드려야 한다. 《월간조선》 문갑식 전 편집장과 배진영 기자에게 무엇보다 큰 감사를 전한다. 2016년 2월 회사를 그만두고 새로운 길을 모색하려 할 때 문 편집장은 누구보다 먼저 글을 쓸 수 있는 기회를 제공했다. 월간지에 기고한 그대로는 아니지만 문 편집장의 제안이 없었다면 이렇게 빠른 시간에 지인지감에 관한 책이 모양을 갖추기는 힘들었을 것이다. 아끼는 후배 배진영 기자는 매달 원고를 보낼 때마다 날카로운 평가와 격려를 아끼지 않았다. 정말 감사드린다.

《조선일보》를 그만둔 후에 내가 가장 공을 들이고 있는 논어등반학교 학생들께도 이 자리를 빌려 감사드린다. 교장이라는 이름으로 이끌고는 있지만 늘 부족한 이 사람을 믿고서 고전의 세계를 파고들고 있는 등반학교 학생들을 보면서 실은 내가 힘을 얻는다.

당연히 가족들에게 감사드리고 양가 어머님께 깊이 감사드리며

또 늘 내 마음의 스승이신 이기상 선생님과 고(故) 김충렬 선생님께도 고마움을 전한다.

끝으로 내 글쓰기의 든든한 후원자 해냄출판사 송영석 대표와 이진숙, 이혜진 주간과 편집부 정기현 씨에게도 감사의 인사를 전한다.

2018년 10월 상도동 보심서실(普心書室)에서

탄주(灘舟) 이한우(李翰雨) 삼가 쓰다

차례

1장

다스리는 자,
언제나 살피고
주의하라

리더가 혹(惑)하면
망한다

성군과 암군의 자질을 함께 갖춘 군주 : 양 무제

나라가 망하는 이유나 원인은 수없이 많다. 그런데 크게 보면 외우(外憂)와 내환(內患)으로 나뉘는데 외부의 위협이 있어도 내부가 단결돼 있으면 나라가 망하는 경우는 거의 없다. 물론 중과부적(衆寡不敵)의 사례는 제외해야 할 것이다. 결국 나라가 망하는 것은 실은 내환, 그중에서도 내분(內分)이 결정적이다. 조선이 일본에게 전쟁 한번 못해보고 망한 것은 그래서 더 치욕스러운 일인지 모른다.

그런데 내분은 어떻게 일어나는가? 다양한 진단이 있겠지만 결국은 리더의 리더십 붕괴 혹은 무능을 떠나서는 설명할 수가 없다. 특히 한때는 제국을 건설할 만큼 뛰어난 역량을 보였던 제왕이 자기 당대나 바로 다음 대에서 나라를 망하게 하는 요인을 추적함으로써 리더십의 그림자를 살펴보자.

중국 역사에서 후한(後漢)이 멸망한 다음 해부터 수(隋)나라 문제(文帝)가 진(陳)나라를 멸망시키기까지 서기 221년부터 589년까지를 흔히 위진(魏晉) 남북조(南北朝) 시대라고 한다. 그중에서 남조는 송(宋), 제(齊), 양(梁), 진(陳) 네 나라를 함께 부르는 말인데 그중 세 번째인 양나라가 바로 오늘의 주인공 무제(武帝)가 세운 나라다. 이름은 소연(蕭衍)이다.

그는 제나라에서 벼슬하였는데 옹주자사(雍州刺史)가 되어 양양(襄陽)을 지켰다. 제나라의 지방 관리였다. 제나라 말인 영원(永元) 2년(500년) 황실이 어지러워지자 군사를 일으켜 도읍인 건강(建康, 南京)을 함락시킨 뒤 남제를 멸망시키고 정권을 장악하면서 양왕(梁王)에 봉해졌다. 이어 502년 제나라 화제(和帝)를 폐위하고 스스로 제위(帝位)에 올라 국호를 양(梁)이라 했다. 그때 그의 나이 불과 38세였으니 말 그대로 영웅(英雄)이었다.

즉위 초 그의 모습에 대해 사마광(司馬光)[4]의 『자치통감(資治通

---

4) 사마지(司馬池)의 아들이다. 속수선생(涑水先生), 사마온공(司馬溫公)이라고도 한다. 왕안석이 시행한 신법(新法)을 반대하여 "조종의 법은 바뀔 수 없다"는 이유로 왕안석, 여혜경(呂惠卿) 등과 여러 차례 논쟁을 벌이다가 추밀부사(樞密副使)를 사퇴하고 영흥(永興)의 지군(知軍)으로 나갔다. 이후 15년 동안 낙양에 살면서 역사서를 편찬하는 데 전념했을 뿐 시사(時事)는 입에 담지 않았다. 철종(哲宗) 때 좌복야(左僕射)가 되어 신법을 철폐하고 옛 제도를 회복시켰다. 재상으로 있은 지 8개월 만에 죽었다. 처음에 전국시대부터 진나라 2세까지의 역사를 엮어 『통지(通志)』 8권을 편찬했는데, 영종(英宗)의 명령으로 이를 속찬하게 되고, 신종이 『자치통감(資治通鑑)』이라 고쳐 불렀다.

鑑)』은 이렇게 전한다.

상(上)은 몸소 빨래한 옷을 입었고 항상 먹는 음식은 오직 채소로
만 만들었다. 지방 고위 관리들을 고를 때마다 힘써 청렴하고 공정한
사람을 뽑았으며 모두 앞에 불러서 접견하고 정치의 도리를 가지고
권고했다.

그는 평소 유술(儒術-유학)을 국학(國學)으로 재건했고 지방에서
효도와 청렴으로 이름난 인재들을 들어 올려 썼다. 『주역강소(周易
講疏)』 『중용강소(中庸講疏)』 『예기대의(禮記大義)』 『효경강소(孝經
講疏)』 『효경의소(孝經義疏)』 『공자정언(孔子正言)』 등 유학의 경전
들에 대한 그의 주석들은 전문가 수준에 이르렀고 문학에 뛰어났고
음률(音律)도 잘 알아 스스로 작곡을 했으며 서예에도 일가를 이루
었다. 문무(文武)를 고루 갖춘 준걸이었다.

그러나 재위 30년을 바라보는 무제는 불교에 흠뻑 젖어 있었다. 그
는 중대통(中大通) 원년(529년) 9월 본인이 세운 동태사(同泰寺)에
행차하여 승려와 비구니 그리고 일반 남녀 신도 등이 아무런 차별
없이 참여하는 법회인 사부무차대회(四部無遮大會)를 열었다. 황제
는 어복(御服)을 벗고 법의(法衣)를 입었으며 마음을 깨끗이 하고
번뇌와 사욕을 버렸다. 여러 신하들도 1억만 전을 내고서 삼보(三寶
-불보, 법보, 승보)에 기도하고 황제보살을 받들어 속죄하니 승려들
은 잠자코 허락하였고 마침내 환궁했다.

문제는 그것이 지나친 데 있었다. 사마광은 이렇게 말한다.

상은 사람됨이 효성스럽고 자애로우며 공손하고 검소했으며 학문을 널리 익혔고 글을 잘 지었으며 정사를 보는 데도 부지런하여 겨울에도 새벽 3~4시면 일어나 정사를 보면서 추위를 무릅쓰며 붓을 잡아 피부가 얼어서 터졌다. (그러나) 당시 왕후(王侯)와 그 자제들은 대부분 교만하고 음란했으며 불법(不法)을 일삼았다. 황상은 연로하여 국정에 싫증을 내고 있었다. 또 오로지 불법(佛法)의 계율에만 정성을 쏟아 매번 무거운 죄를 판결할 때마다 하루 종일 즐거워하지 않았다. 어떤 사람이 반역을 모의하다가 일이 발각되었는데도 눈물을 흘리면서 그를 용서해주었다. 이로 말미암아 왕후들은 더욱 횡포를 부려 어떤 때는 대낮에 도시의 길거리에서 사람을 죽이는가 하면 어떤 때는 한밤중에 공공연하게 약탈을 했다. 또 죄를 짓고 도망친 사람이 왕후들의 집에 숨으면 유사(有司-해당 관청)가 감히 집을 뒤져 체포할 수 없었다. 상은 이런 폐단을 잘 알고 있었지만 자애로움에 깊이 빠져 금지할 수가 없었다.

과유불급(過猶不及)의 전형이다. 중대동(中大同) 원년(546년) 3월 경술일에 상(-이때 나이 83세였다)이 동태사에 행차했다가 드디어 사성(寺省-절에 마련한 천자용 임시 숙소)에 머물면서 『삼혜경(三慧經)』을 친히 강론했다. 여름 4월 병술일에 강론을 해산했는데 이날 밤 동태사의 부도(浮屠)에 화재가 나자 상은 말했다.

"이는 마귀의 짓이다. 마땅히 크게 법사(法事-절의 신축)를 일으켜야 한다."

그리고 곧장 조서(詔書)를 내려 말했다.

"도가 높으면 마귀가 성하고 선을 행하면 장애가 생기니 마땅히 힘을 다하여 더욱 토목 사업을 일으켜 지난날보다 두 배로 늘리도록 하라!"

이리하여 12층짜리 부도를 짓기 시작했고 거의 완성되려는 시점에 후경(侯景)의 난(548년)이 일어나는 바람에 중단됐다. 그리고 이듬해 무제는 후경에 의해 유폐됐다가 굶어 죽었다. 간문제(簡文帝)가 무제의 뒤를 잇기는 하지만 2년 후인 551년에 후경에 의해 살해됐고 양나라는 이로써 사실상 멸망했다.

『논어』 선진(先進) 편에서 제자인 자로(子路)[5]가 죽음에 대해 묻

---

5) 춘추시대 노나라 변(卞) 땅 사람으로 이름은 중유(仲由)인데, 계로(季路)로도 불렸다. 공자보다 9세 연하로 제자 가운데는 가장 연장자였으며, 성격이 강직하고 용맹했다. 본디 무뢰한으로 공자의 훈계를 듣고 입문했는데 사람됨이 곧고 순진하여 헌신적으로 공자를 섬겼다. 뒷날 위(衛) 출공(出公) 아래에서 벼슬을 했는데 괴외(蒯聵-출공의 아버지)가 출공을 쫓아내고 장공(莊公)이 되는 정변이 일어났다. 자로가 이 소식을 듣고 달려갔는데, 친구 자고(子羔)가 이미 끝난 상황이니 자리를 피하라고 충고했지만 그는 "출공의 녹을 먹었다면 그가 어려움에 처했을 때 피해서는 안 된다"고 하면서 성안으로 들어가 장공에게 역적 공회(孔悝)를 내달라고 요구했다. 장공이 거절하자 그들이 있던 대(臺)를 불태우려고 하다가 장공의 부하에게 죽임을 당하고 말았다. 그의 앞뒤 재지 않는 성품은 종종 공자의 비판을 들었다.

자 공자는 이렇게 답했다.

"삶을 모르는데 어찌 죽음을 말하겠는가?"(선진 11)

未知生焉知死
미지 생 언 지 사

삶의 정점에 오른 황제가 죽음만을 걱정한 결과는 곧 제국의 초단명(超短命)이었다.

불로장생의 과욕이 부른 비극 : 진 시황제

기원전 221년 마침내 중국의 천하를 통일한 진(秦)나라 왕 영정(嬴政)은 자신의 다움[德]은 삼황(三皇-복희, 신농, 황제)을 겸했고 공로[功]는 오제(五帝-소호, 전욱, 고신, 요임금, 순임금)를 능가한다고 여겨 스스로를 황제(皇帝)라고 칭했다. 스스로를 짐(朕)이라고 부른 것도 영정이 처음이다.

그런데 그의 교만함은 이에 그치지 않고 시호법(諡號法)[6]을 없애기에 이른다. 즉 그는 "죽고 나서 행적을 가지고 시호를 정한다면 이

---

6) 황제, 제후, 임금 등의 군주가 죽으면 올리거나 조상 및 부인, 공신, 고급 관료, 국가적으로 명망을 쌓은 저명한 인물이 죽으면 국가에서 내려주는 특별한 이름으로, 동양의 군주제 국가에서 시행되었다. 이 제도의 기원은 중국 주나라 중기 때라고 전해진다. 우리나라에서는 삼국시대에 군주들에게 올린 것이 최초로, 신라에서는 514년에 지증왕(智證王)이 죽자 처음으로 시호를 올렸다고 한다. 그 뒤로 고려와 조선에서도 시행되었다.

는 아들이 아버지를 논의하는 것이며 신하가 임금을 논의하는 것이니 있을 수 없는 것이다. 짐은 시(始)황제이고 후대에는 수를 계산해 2세, 3세 하여 만세에 이르도록 무궁하게 전할 것이다"라고 말했다.

흔히 진나라의 멸망 원인을 과도한 법치주의나 엄격한 군현제(郡縣制)[7]에서 찾기도 하는데 그것은 실은 본질적 진단이라 하기 어렵다. 위대한 성공이 부른 이 교만함이야말로 진나라의 폭망을 설명할 수 있는 결정적인 단서다.

무궁함에 대한 그의 집착은 결국 자신의 불로장생 기획으로 나타난다. 그가 스스로 황제임을 선포한 지 2년 만인 기원전 219년(시황제 28년)에 그는 동쪽의 제(齊)와 연(燕)을 순행하다가 신선과 불사약(不死藥)에 관한 이야기를 처음으로 들었다. 이때 그의 나이 41세, 공자의 말대로 불혹(不惑)해야 할 나이였는데 혹(惑)하고 만 것이다. 일단 공자가 말한 혹 혹은 불혹의 의미를 알고서 이야기를 진행하자. 『논어』 안연(顏淵) 편에서 제자 자장(子張)이 혹(惑)이 무슨 뜻인지 묻자 공자는 이렇게 답했다.

"자기가 사랑한다고 해서 (이미) 죽은 것도 살기를 바라고 자기가

---

7) 주대(周代)에는 종법적(宗法的) 봉건제도를 시행했으나 주나라가 쇠약해지면서 춘추시대부터 군현이 설치되었다. 이때의 군현은 종래의 봉읍(封邑)과 큰 차이가 없었고 군이 현보다 하위에 위치하였다. 전국시대에 이르러 군현이 군주의 권력을 뒷받침하게 되면서, 군이 현의 상위에 위치하게 되었다. 이후 진시황제가 중국을 통일하고 전제 권력을 행사하기 위해 군현제를 전국적으로 실시하면서 전국을 36개 군으로 나누고 그 아래에 현을 설치하였다.

미워한다고 해서 (버젓이) 살아 있는 것도 죽기를 바라는 것이 혹(惑)
이다.”(안연 10)

愛之欲其生 惡之欲其死 旣欲其生又欲其死 是惑也
애 지 욕 기 생   오 지 욕 기 사   기 욕 기 생 우 욕 기 사   시 혹 야

이 말은 사랑하고 미워하는 것은 사람의 소관이지만 죽고 사는 것
은 사람의 소관이 아닌데 그 경계를 헷갈리는 것이 바로 혹(惑)이라
는 뜻이다. 앞서 공자가 자로에게 했던 말과 그대로 통한다. 인간사
(人間事)는 인간사의 범위를 넘어서서 해결을 시도하려 해서는 안
되는 것이다.

같은 안연 편에서 이번에는 번지(樊遲)[8]라는 제자가 혹(惑)이 무
슨 뜻인지 묻자 공자는 이렇게 답했다.

“하루아침의 분노로 자신을 망각해 그 (재앙이) 부모에게까지 미치
게 하는 것이 혹(惑) 아니겠는가?”(안연 21)

一朝之忿忘其身 以及其親非惑與
일 조 지 분   망 기 신   이 급 기 친 비 혹 여

이에 대해 유학자 범조우(范祖禹)는 이렇게 풀이했다. “사물에 감
정적 영향을 받아 동요되기 쉬운 것으로 분노만 한 것이 없으니, 자

---

8) 공자보다 36세 연하로, 비교적 공자의 측근이었던 것으로 보인다. 공자의 수레를 몰았다
는 기록이 『논어』 위정 편에 나온다. 그가 관심을 가졌던 분야는 앎[知]과 어짊[仁]의 문
제였던 것 같은데, 그다지 총명한 제자는 아니어서 엉뚱한 질문, 예컨대 농사짓는 법이나
채소 가꾸는 법 따위를 공자에게 물어 소인(小人)이라는 비난을 듣기도 했다. 재치는 없
었어도 비교적 성실하고 순박한 성격의 소유자였다.

신을 잊어서 그 부모에게까지 화가 미치게 함은 미혹됨이 심한 것이다. 미혹됨이 심한 것은 반드시 세미(細微)한 데서 일어나니, 이것을 조기에 분별한다면 크게 미혹됨에 이르지 않을 것이다."

그리고 『논어』의 여러 곳에서 공자는 "지자(知者)는 불혹(不惑)한다"고 말한다. 이때 지자는 그냥 지혜로운 사람이라는 뜻보다는 사람을 볼 줄 아는 사람 혹은 인간사의 사리(事理)를 아는 사람이라는 뜻이다. 결국 40세에 불혹이라고 했으니 사람을 볼 줄 알고 사리를 알아야 한다는 말이다. 우매한 자가 불혹할 수도 있으나 권력에 도취되면 아무리 뛰어난 자도 교만으로 인해 혹하기 마련이다.

다시 진시황의 이야기다. 이 당시 승상(丞相-재상)은 이사(李斯)[9]였다. 이런 상황에서 이사는 승상으로서 마땅히 진시황의 혹(惑)에 대해 간언했어야 했다. 그런데 시황제 35년(기원전 212년) 오히려 유학을 금지할 것을 청했다. 소위 분서갱유(焚書坑儒)다. 그리고 시황제는 같은 해 아방궁(阿房宮)과 자신의 능인 여산(驪山)을 짓게 했다. 이때는 스스로를 짐이라고도 부르지 않고 신선을 뜻하는 진인(眞人)으로 불렀다. 그리고 바른 소리를 하는 사람들은 모두 죽여버렸다.

---

9) 법가류(法家流)의 정치가로 통일 시대 진나라의 정국을 담당하며 획기적인 정치를 추진했다. 진나라 승상 여불위에게 발탁되어 사인(舍人)이 되었다가 장사(長史)가 되고, 객경(客卿)에 올랐다. 기원전 221년(진시황 26년)에 진시황이 천하를 통일하자 정위(廷尉)를 거쳐 승상에 올랐다. 군현제를 실시하고 분서갱유를 단행했다. 시황제가 죽은 뒤 환관 조고와 결탁해 호해를 2세 황제로 옹립하고 시황제의 맏아들 부소와 장군 몽염을 자살하게 했다. 진나라 말 농민봉기가 일어나자 2세에게 다시 법률을 정할 것을 권하는 등 군권 통치를 강화했으나 조고의 참소로 투옥되어 함양의 시장터에서 요참형(腰斬刑)에 처해졌다.

기록을 유심히 보면 그의 장자 영부소(嬴扶蘇)만이 직간(直諫)을 했다.

"유생들은 모두 공자의 말씀을 외우고 본받는데 지금 상께서는 무거운 법률로 이들을 묶어버리시니 신은 천하가 불안해질까 걱정입니다."

진인은 화를 내며 부소를 북쪽으로 쫓아 보내 흉노 정벌을 위해 나가있던 몽염(蒙恬)[10]의 군대를 감독하라고 했다. 시황제 37년(기원전 210년) 천하를 순행하며 산동 지방을 돌아보던 시황제는 병이 났다. 그해 가을 하북성 사구평대란 곳에서 시황제는 눈을 감았다. 이미 그가 혹(惑)하여 어두운 정사를 펼친 지 10년이었다. 그 대가는 컸다. 시황제는 조고(趙高)[11]라는 환관에게 영부소에게 내리는 유조(遺詔)를 전했다.

아마도 지난 10년간 바른 정사를 펼쳤다면 조고는 감히 엉뚱한 생

---

10) 몽무(蒙武)의 아들로 선조는 제나라 사람이었으나 진나라에서 장군이 되었다. 기원전 221년 진나라가 제나라를 멸망시킬 때 큰 공을 세우고, 내사(內史)에 임명되었다. 기원전 215년에 30만 대군을 이끌고 북쪽 흉노를 정벌하여 하남(河南) 땅을 수복하였고, 이듬해 만리장성을 완성했다. 기원전 210년에 시황제가 죽고 2세가 즉위하자 환관 조고와 승상 이사의 흉계로 투옥된 뒤 자살했다.

11) 선조는 조(趙)나라 귀족이었는데, 부모가 죄를 지어 진나라 궁궐에 들어와 환관이 되었다. 시황제를 따라 순행하던 중 시황제가 평대(平臺-하북)에서 병사하자, 승상 이사와 짜고 조서를 거짓으로 꾸며, 시황제의 맏아들 부소와 장군 몽염을 자결하게 만들고 막내아들 호해를 2세 황제로 옹립했다. 낭중령(郎中令)이 되어 정권을 잡고는 진나라 종실과 대신들을 마음대로 주륙했으며, 진승(陳勝)과 오광(吳廣)의 반란이 일어난 뒤에는 이사를 무고해 살해했다. 자신의 뜻대로 움직이지 않는 사람을 제거하려고 사용한 지록위마(指鹿爲馬) 이야기가 유명하다. 기원전 207년에 유방의 군대가 관중에 들어서자 2세 황제마저 살해하고 부소의 아들 자영(子嬰)을 진왕(秦王)으로 옹립하지만 곧 자영에게 죽임을 당했다.

각을 하지 못했을 것이다. 조정에 바른 신하들이 있는 한 그 같은 꾀를 낼 생각도 하지 않았을 것이기 때문이다. 그러나 이미 황제와 조정 신하들 사이를 오가며 바른 신하들이 대부분 제거되고 주변에는 굽은 신하들만이 둘러싸고 있다는 것을 누구보다 조고는 잘 알고 있었다. 조고는 진시황의 또 다른 아들 영호해(嬴胡亥)를 설득했다. 시황제가 영부소를 죽이고 영호해를 후사로 삼으라고 명한 것으로 거짓말을 하게 해달라고 한 것이다.

관건은 이사였다. 이사에게 이 말을 하자 이사는 처음에는 반대했다.

"어찌 나라를 망칠 말을 할 수가 있겠는가?"

그러나 몽염의 존재를 언급하며 이사를 자극하자 이사는 묵인하기로 했다. 이로써 모든 일은 결정됐다. 결국 영부소, 몽염, 이사 등은 죽고 호해와 조고의 세상이 됐으나 기원전 206년 호해와 조고도 모두 죽고 진나라는 망했다. 이건 누가 봐도 시황제가 망하게 만든 것이다. 불혹(不惑)하지 못해 인사(人事)를 그르친 결과다.

구렁텅이에서 겨우 빠져나오다 : 한 무제

한(漢)나라 무제(武帝)[12]는 지금도 중국 역사에서 공과(功過) 논란이 있는 제왕이다. 사방으로 영토를 넓힌 면에서는 시황제를 능가하며 예악을 정비해 국내 정치의 제도적 안정을 가져왔다. 그의 업적은 이루 다 열거할 수 없을 만큼 많다. 그런데 그도 말년에 성공에 도취돼 문성장군(文成將軍)이니 난대(欒大)니 하는 방사(方士)들을 통해 신선의 술법에 빠져들었다. 무제 원정(元鼎) 4년(기원전 113년)에 제나라 사람인 공손경(公孫卿)이 전설 속의 인물 황제(黃帝)가 마지막에 죽지 않고 용을 타고서 후궁 70여 명을 거느리고 하늘로 올라갔다는 황당한 이야기를 하자 이렇게 말한다.

"아! 정말로 황제와 같이 될 수만 있다면 나는 처자를 버리기를 헌신짝 벗듯이 할 것이다."

그는 신하들의 간계에 넘어가 태자를 죽이는 일까지 저질렀다. 어떤 면에서는 진시황을 능가하는 암군의 면모를 보여준 것이다. 그러

---

12) 즉위 후 어질고 바르며 효성스럽고 겸손한 선비를 등용하여 관리의 자질을 향상시켰고 오경박사를 두어 유학에 중점을 두었으며 기원전 127년부터 제후 왕국을 왕의 여러 아들에게 분봉(分封)하여 중앙 집권의 실적을 올렸다. 대외적으로는 흉노를 토벌해 오르도스 지방에 2군을 두고, 기원전 119년에는 흉노를 외(外) 몽골로 내쫓았다. 하서(河西)에 4군을 두어 중앙아시아와의 교통로를 확보하고, 기원전 104년에는 파미르 고원 북서에 있는 대완국(大宛國)을 정벌했다. 흉노의 방위와 서역 유지를 위해 요지로 한인을 이주시키고 또 둔전(屯田)을 두었다. 이후 무제의 생활은 호사(豪奢)가 극에 달해 궁전과 아궁을 짓고, 불로장생을 믿어 방사를 모아 태산에서 봉선(封禪)하고 각지를 순행하는 등 낭비가 쌓여 군사비를 압박했다. 이에 소금, 철(鐵)을 전매하고 균수(均輸) 평준법(平準法)을 제정하고 무공작(武功爵)을 팔기도 했으나 관리의 부정이 심해지고 국민의 생활도 궁핍해져 국내가 불온해지고 황태자의 반란(무고(巫蠱)의 난)까지 일어났다. 만년에는 외정을 중지하고 다시 먼 거리에 있는 윤대(輪臺−신강(新疆) 위구르 자치구)의 둔전을 폐지, 백성을 다스리기에 힘썼다.

나 정화(征和) 3년(기원전 90년) 전천추(田千秋)[13]라는 사람이 글을 올려 태자의 무고함을 호소하자 무제는 자신의 잘못을 인정한다. 이어 전천추는 방사들의 허망함에 대해서도 있는 그대로 지적했다. 이에 무제는 다음과 같이 말했다.

"과거에 어리석고 미혹되어 방사들에게 속아 넘어갔다. 천하에 어찌 신선이 있겠는가? 밥 덜 먹고 약을 먹으면 질병은 줄일 수 있다."

그 후에 후사(後嗣)에 대해서도 미리 대비를 갖춘 다음 후원(後元) 2년(기원전 87년) 세상을 떠났다. 말년의 깨달음이 있었기 때문에 한나라는 폭망을 면하고 소제(昭帝)를 거쳐 선제(宣帝) 때 다시 한 번 중흥의 시대를 맞이할 수 있었다. 무제에 대한 사마광의 사평(史評)으로 결론을 대신한다.

무제는 끝까지 사치하고 큰 욕심을 갖고서 번거로운 형벌을 사용했으며 세금을 무겁게 거두어 안으로는 궁실을 사치스럽게 꾸몄고 밖으로는 사방의 오랑캐들에게 일을 벌였으며 신선의 괴이함을 믿고

---

13) 차천추(車千秋)라고도 한다. 전국시대 전제(田齊)의 후예로, 선조가 한나라 초에 장릉으로 옮겨와 살았다. 무제 때 태자 유거(劉據)가 강충(江充)으로부터 무고(誣告)를 받자 강충을 죽이고 자살하였는데, 이때 고조의 능침봉이었던 그가 태자의 원통한 상황을 무제에게 알렸다. 그 공으로 재상에 임명되고 부민후(富民侯)에 봉해졌다. 소제(昭帝) 때는 그가 노쇠하였다 하여 작은 수레[小車]를 타고 궁궐 안을 출입하게 했는데 이후 사람들이 그를 차(車) 승상이라 불렀다. 이 때문에 자손들이 '차'를 성으로 삼았다.

현혹되어 순행하는 데 절도가 없었고 백성들로 하여금 피폐하게 하여 도적이 되게 했으니 이는 진시황과 다를 바가 거의 없었습니다. 그러나 진나라는 이로써 망했는데 한나라가 망하지 않을 수 있었던 것은 무제가 먼저 돌아가신 황제의 도리를 존중했고 스스로 지켜야 할 도리를 알았으며 충직한 사람의 말을 받아들이고 뛰어난 사람을 좋아했으며 게으르지 않고 상벌이 엄정했으며 만년에는 허물을 고치고 후사를 돌아보아 부탁할 적당한 사람을 얻었으니 이것이 그가 망한 진나라와 같은 허물을 갖고 있으면서도 끝내 망한 진나라와 같은 재앙을 면할 수 있었던 까닭입니다.

달콤한 말 앞에서는
누구나 흔들린다

사랑과 미움이 때에 따라 바뀌다

: 한 문제와 등통, 한 무제와 이연년

사마천(司馬遷)은 『사기(史記)』 '영행열전(佞幸列傳)'에서 이렇게 말한다.

힘써 농사짓는 것이 풍년을 만나는 것만 못하고 정성껏 임금을 섬기는 것이 임금의 뜻에 맞추는 것만 못하다라는 속설이 있는데 이는 참으로 헛된 말이 아니다.

영행(佞幸)이란 아첨으로 총애를 얻었다는 뜻이다. 아첨꾼이 충신보다 임금의 눈에 잘 들 수밖에 없다는 것은 지극히 현실주의적인 통찰이다. '영행열전'에서는 그 대표적인 인물로 한나라 문제(文帝)가 지극히 총애한 등통(鄧通)을 들고 있다. 사실 문제는 한나라를 대표하는 명군(明君) 혹은 성군(聖君)이라는 평을 받는 임금이다. 조선 역사에서 세종에 해당하는 선정(善政)을 베푼 인물이다. 그런데 어떻게 그런 임금이 영행 혹은 폐행(嬖幸)에 빠져든 것일까?

등통은 재능이라고는 하나도 없는 사람이었다. 촉군 남안(南安) 사람이었는데 노를 잘 저어 황두랑(黃頭郎)이 됐다. 일종의 선장이다. 어느 날 문제가 꿈에서 하늘에 오르려고 했는데 뜻대로 되질 않았다. 그런데 마침 한 황두랑이 뒤에서 밀어주어 하늘에 오를 수 있었다. 뒤를 돌아보니 그 황두랑의 옷에 등 뒤로 띠를 맨 곳의 솔기가 터져 있었다. 잠에서 깬 문제는 물가로 가서 황두랑들을 둘러보다가 옷 등 뒤가 터진 등통을 발견했다. 두 사람이 만난 인연은 이것이 전부였다.

문제는 오직 이것만으로 등통을 아껴주었고 등통도 성품이 조신하고 신중하였으며 궁궐 바깥 사람들과 사귀기를 싫어해 휴가를 주어도 궐 밖을 나가지 않았다. 열 차례 넘게 거액의 돈을 주었고 벼슬도 사대부에까지 올려주었다. 심지어 문제는 등통의 집에 가서 놀기까지 했다. 문제의 등통 사랑은 도를 넘어섰다. 한 번은 관상을 잘 보는 사람을 불러 등통의 관상을 보게 하니 "가난해서 굶어 죽을 상입니다"라고 했다. 이에 문제는 보란 듯이 등통에게 구리 광산을 주어 마음대로 돈을 만들어 쓸 수 있게 해주었다.

문제와 등통의 이 같은 관계를 이해할 수 있는 또 하나의 실마리가 있다. 문제는 오랫동안 종기를 앓았는데 그때마다 등통은 황제를 위해 종기의 고름을 입으로 빨아냈다. 한번은 문제가 태자를 불러 고름을 빨아내게 했다. 태자는 어쩔 수 없이 빨아내기는 했지만 고역이 아닐 수 없었다. 그런데 평소 등통이 아버지의 고름을 빨아낸다는 말을 듣고서 한편으로는 부끄러우면서도 다른 한편으로는 등통을 미워했다. 훗날 태자가 즉위했는데 그가 경제(景帝)다. 그는 사사로운 동전 주조를 금지했고 등통은 불법적으로 동전을 주조했다는 이유로 고발당해 전 재산을 몰수당했다. 실제로 등통은 얼마 안가 재산을 다 빼앗긴 채 남의 집에 얹혀살다가 죽었다고 사마천은 기록하고 있다. 정치적 사건에 관여하다가 주살되지 않은 것만 해도 다행인지 모른다.

무제도 명군에 속하지만 이연년(李延年)이라는 총신(寵臣)이 있었다. 이연년은 궁형(宮刑)을 당한 뒤에 환관이 된 인물인데 누이동생이 춤을 잘 춰 무제의 눈에 들었고 이연년도 작사 작곡에 능해 제사에 필요한 음악을 제정하는 데 열성적이었던 무제의 큰 총애를 받았다. 누이동생은 무제의 아들을 낳기도 했다. 그러나 이연년은 궁녀들과 사통을 하고 태도가 교만하고 방자해 누이동생이 죽자 처형됐다.

등통이나 이연년은 나라를 망치게 한 경우는 아니지만 명군이나 성군도 아첨에 흔들릴 수 있다는 것을 보여준다는 점에서 주목할 필요가 있다. 임금도 사람인지라 신하의 능력보다는 자신의 사사로운 호불호(好不好)에 휘둘릴 수 있다는 점을 극명하게 드러내는 사례이기 때문이다. 그래서 이 사례를 소개한 사마천은 "심하구나! 사랑과 미움이 때에 따라 바뀌는 것이"라고 탄식했던 것이다.

가족 문제 앞에서 약해지는 마음 : 조선 세종과 조서강

이런 옥의 티는 우리의 세종대왕에게서도 찾을 수 있다. 세종 23년(1441년) 3월 9일부터 세종 25년(1443년) 9월 3일까지 2년 반 동안 도승지로 재직한 조서강(趙瑞康)에 대한 실록의 평가는 다소 부정적이다. 도승지로 있으면서 세종의 눈과 귀를 막았다는 이유에서다.

조서강은 개국공신으로 문하부 참찬사를 지낸 조반(趙胖)의 둘째 아들이다. 태종 14년(1414년) 문과에서 마지막으로 두 개의 최상위 답안지가 태종 앞에 주어졌을 때 태종이 임의로 고른 것은 정인지의 것이었다. 나머지 하나가 바로 조서강의 답안지였다. 촉망받는 신진 엘리트였던 셈이다.

관리로서 그의 경력은 주로 사헌부 사간원에서 쌓았다. 사헌부 감찰로 있을 때인 세종 10년(1428년) 10월 22일 세종은 종친의 문제를 부적절하게 비판했다는 이유로 사헌부 관리들을 대거 유배하거나 파직했다. 이때 조서강도 강음이라는 곳으로 유배를 가야 했다. 그러나 죄가 중하지 않아 다음 해 2월 3일 석방되고 세종 13년(1431년) 6월에는 오늘날의 국무총리 비서실장에 해당하는 의정부 사인(舍人)을 제수받았다. 그리고 이때 춘추관 기주관이 되어 『태종실록』 편찬에

도 참여한다.

2년 후인 세종 15년(1433년) 6월 3일 우사간이 되고 3년 후인 세종 18년(1436년) 10월 18일 좌사간으로 승진한다. 이어 중추원 첨지사, 경상도 관찰사 등을 거쳐 세종 21년(1439년) 3월 우승지, 세종 22년(1440년) 8월 좌승지를 거쳐 마침내 세종 23년 3월 9일 도승지에 오른다.

조서강은 그다지 강직하다거나 '노'라고 말할 줄 아는 위인이 아니었다. 우승지로 있던 세종 21년 11월 3일 세종의 넷째 아들 임영대군(臨瀛大君)이 궁중의 음식물과 물품을 관장하는 내자시(內資寺)의 종 가야지와 간통을 한 것이 발각되어 문제가 됐다. 세종은 진노했다. 가야지는 제주도로 보내야 한다고 말한다. 그러나 우승지 조서강이 나서 "남녀 간의 욕심은 인지상정인 데다가 임영대군은 나이도 어리니 크게 문제 삼을 것이 없습니다"라며 "가야지도 제주도에 보내게 되면 말이 밖으로 퍼질 수 있으니 대신 그 아버지에게 죄를 물어 멀리 유배를 보내는 것이 좋겠습니다"고 말한다. 명백한 아첨이었다. 재미있는 것은 이런 조서강의 아첨을 세종도 반기고 있다는 것이다.

"내 여러 아들 중에서 이구만이 유독 음탕하고 방자하여 걱정이 많은데 너희들이 '연소한 사람의 음탕 방자는 이구만이 그런 것이 아니니 책할 만한 것이 못 된다'고 하니 내가 너희들의 말을 옳게 여긴다."

언제나 교언영색(巧言令色), 아첨은 멀리하고 직언(直言)에만 귀 기울일 것 같은 세종도 어쩔 수 없이 사람이었다. 아첨에 늘 넘어가는 것은 아니지만 자식이나 가족의 문제 앞에서는 세종도 어쩔 수 없었던 것이다. '위인(偉人)' 세종대왕만을 떠올리는 사람들에게는 다소 실망스러울지 모르겠지만 이런 사례는 계속된다.

세종 22년 2월 8일 양녕대군이 서울에 집을 짓자 대사헌 윤번과 사간원 지사 황수신이 궐문 앞에서 부당함을 상소했다. 그러나 우승지 조서강은 세종이 양녕대군 문제와 관련된 대간의 말은 전하지 말라고 했다며 상소문을 세종에게 계달하기 어렵다고 노골적으로 이들에게 말한다. 두 달 후인 4월 23일에는 세종이 신하들의 반대를 무릅쓰고 중건한 흥천사 재건을 축하하기 위한 잔치에 국고를 지원하겠다고 하자 승지들은 찬성한다는 입장을 밝혔다. 대신들의 척불과 정면으로 배치되는 결정이었다. 실록은 "조서강 등이 왕의 말을 출납하는 데 있어 아첨하고 뜻을 맞추어 조금도 비판적 의견을 내거나 말리지 않아서 임금(세종)이 부처를 높이는 행사를 이루게 되었다"고 직격탄을 날린다.

간사한 자를
알아보는 능력을 갖춰라

리더를 옭아매는 간사한 자의 7가지 유형

"무릇 소문만 요란한 사람이란 겉모습은 어진 듯하나 행실이
도리와 어긋나고 평소 생활할 때는 자신의 행실에 대해 아무런 성찰
이나 반성도 하지 않으니 (결국) 나라에 있어도 반드시 소문이 나고
집 안에 있어도 반드시 소문이 난다."(안연 20)

夫聞也者 色取仁而行違 居之不疑 在邦必聞在家必聞
부 문 야자　색 취 인 이 행 위　거 지 불 의　재 방 필 문 재 가 필 문

『논어』 안연 편에서 제자 자장이 소문이 난다는 것이 무슨 뜻이
냐고 묻자 공자는 이렇게 답했다. 뛰어난 지도자라면 바로 이런 소
문만 요란한 자를 미리 살펴서 알아내야 한다. 공자는 『논어』에서 지
인지감(知人之鑑) 능력의 네 단계에 대해 유명한 말을 남겼다.

"나면서 아는 자는 최고요, 배워서 아는 자는 다음이요, 겪고 나서야 그것을 배우는 자는 그다음이요, 겪고 나서도 배우려 하지 않으면 사람으로서 최하가 된다."(계씨 9)

生而知之者上也 學而知之者次也 困而學之又其次也 困而不學民
생이지지 자 상 야　학이지지 자 차 야　곤이학지 우 기 차 야　곤이불학 민
斯爲下矣
사 위 하 의

지도자에게는 뛰어난 이가 뛰어나다는 것을 알아보는 것[賢賢]도
현현
중요하지만 동시에 간사한 자가 간사하다는 것을 알아보는 것[奸奸]
간간
은 그 이상으로 중요하다. 뛰어난 이를 몰라본다고 해서 나라나 조직이 당장 망하지는 않지만 간사한 자를 알아보지 못하고 가까이할 경우 당장 망하기 때문이다.

그러면 간신은 어떻게 식별해낼 것인가? 참으로 어려운 문제다. 간신은 따로 있는가? 제왕학의 교과서인 『대학연의(大學衍義)』를 쓴 진덕수(眞德秀)는 간신은 따로 있다기보다는 임금이 그렇게 만드는 측면이 많다고 보았다. 그는 한나라 제위를 찬탈한 왕망(王莽)에 대해 이렇게 말했다.

"초창기에 어찌 반드시 곧장 그의 마음속에 나라를 찬탈하려는 뜻이 있었겠습니까? 서리를 밟았을 때 (추위가 찾아오리라는 것을) 경계하지 않으면 그것은 알지 못하는 사이에 점점 얼음이 된다고 했습니다."

즉 맨 처음[始]에 임금이 그 의도를 알아차렸다면 왕망은 더 이상
시
야망을 키워가지 못했을 것이라는 게 진덕수의 진단이다.

이 책에서 진덕수는 찬탈까지 가지는 않더라도 권력의 칼자루를 임금으로부터 빼앗아 호가호위(狐假虎威)하는 문제를 훨씬 심도 있게 다룬다. 찬탈은 불과 50쪽에 불과하지만 '간사한 자가 주군을 옭아매는 실상'에 대해서는 일곱 가지 유형으로 나눠 무려 250쪽에 걸쳐 파고든다. 그만큼 간사한 자들이 임금을 옭아매는 기술은 다양하고 알아차리기 어렵다는 뜻이기도 하다. 오늘날에 맞게 다시 일곱 유형으로 재구성해보았다.

제1 유형

주군의 속마음을 미리 읽어내 주군의 마음이 음란한 즐거움에 가 있음을 확인한 다음 그쪽으로 몰아간 후에 권력의 칼자루를 제 마음대로 하는 것이다. 진나라 2세 황제와 조고의 관계가 대표적이다. 2세 황제가 "눈과 귀가 좋아하는 것은 남김없이 하고 싶고 마음속으로 즐기고 싶은 바를 끝까지 하고 싶다"고 말하자 조고는 바로 이어받아 "이는 현능한 임금이라면 얼마든지 할 수 있는 것이지만 우매한 임금에게는 금하는 것입니다"고 귀를 즐겁게 해주었다. 교묘한 말로 주군의 황음(荒淫)을 말리기는커녕 몰아간 경우다. 이때 이사는 2세 황제의 잘못을 지적하는 말을 하고 싶었으나 황제가 싫어했다. 게다가 당시 아들 이유가 태수로 있으면서 도둑을 제대로 다스리지 못해 문책을 받았고 자신도 문책을 당했다. 이에 자리를 지키는 데 혈안이 됐던 이사는 이런 글을 올렸다.

"무릇 현능한 군주라면 반드시 신하들을 감독하고 꾸짖는 방법을 행합니다. 신하들을 제대로 감독하고 꾸짖지도 못하면서 천하의 백성들을 위해 자신의 몸만 힘들게 하여 마치 요임금이나 우왕(禹王)처럼 한다면 이를 일러 질곡(桎梏)이라고 하는 것입니다."

조고나 이사와 같은 권간(權奸)들에게 포위된 2세 황제는 결국 비명횡사했다.

제2 유형

소인이 군자들을 해코지하려 할 때는 반드시 유력자와 굳게 결탁해 당을 만들어 도움을 받은 이후에 군자로 하여금 설 자리를 없게 만드는 것이다. 한나라 원제(元帝) 때 외척 사고(史高)[14]는 뛰어난 신하였던 소망지(蕭望之)[15]와 틈이 생기자 환관인 홍공(弘恭) 및 석현(石顯)[16]과 결탁했다. 사마광의 『자치통감』은 그중 석현에 대해 이렇게 말한다.

"석현은 그 사람됨이 재주가 많고 머리가 좋아 일을 익혀서 임금의

---

14) 선제(宣帝)의 조모인 사량(史良)의 조카로, 선제 때 구은(舊恩)으로 시중(侍中)이 되었고, 대사마 곽우(霍禹)가 역모를 꾀한다는 사실을 폭로해서 낙릉후(樂陵侯)에 봉해졌다. 선제의 병이 위중해지자 대사마와 거기장군(車騎將軍)이 되어 상서(尙書)의 일을 대행하면서 소망지와 함께 유조(遺詔)를 받들었다. 하지만 원제가 즉위하자 단지 자리만 지켰다고 한다.

15) 후창(后蒼)에게 『제시(齊詩)』를, 하후승(夏侯勝)에게 『논어』와 예복(禮服)을 배웠으며, 백기(白奇)에게도 수학했다. 『춘추곡량전』과 『춘추좌씨전』에도 밝았다. 기원전 51년에는 석거각회의(石渠閣會議)에 참석하여 여러 학자들과 오경(五經)의 동이(同異)에 대해 토론했다. 그의 학문은 주운(朱雲) 등에게 전해졌다. 당시의 실력자 곽광에게 탄압을 받았지만 곽씨가 몰락하자 선제의 신임을 얻어 어사대부와 태사태부 등을 역임했다. 환관의 전횡을 막고 제도를 개혁하려 했지만 중서령 홍공과 석현의 모함으로 죄를 입자 자살했다.

44

작은 뜻까지도 능히 깊이 알아차렸고 속으로는 도적과도 같은 생각을 깊이 하면서 궤변으로 다른 사람들을 중상모략하고 자신을 고깝게 본 사람에게는 반드시 원한을 품어 번번이 법으로 보복을 가했다."

마침 소망지가 원제에게 홍공과 석현 두 사람을 파직해야 한다는 건의를 했다. 이에 두 사람은 오히려 소망지가 붕당을 짓고 권력을 제 마음대로 했다고 몰아세웠고 결국 소망지는 죄에 걸려들어 자살하고 말았다. 원제는 자신의 스승이기도 한 소망지가 억울하다는 것을 깨달았지만 이미 상황은 종료된 후였다. 이 일에 대한 진덕수의 엄정한 평가다.

"임금 된 자가 강건함과 굳셈을 갖추지 못한 채 아녀자의 어짊 [婦人之仁]에 구애된다면 간신의 농간이 행해지지 않는 바가 거의 없게 되는 것이다."

제3 유형

맨 처음을 제대로 다스리지 못하면 상황은 훨씬 위험한 지경에 빠진다. 간사한 자들이 요행히 임금의 측근이 되면 임금의 마음속을

---

16) 젊을 때 죄를 지어 궁형을 받고 환관이 되었다. 선제는 중서 환관을 중용하여 환관 홍공을 중서령(中書令)에, 석현을 중서복야(中書僕射)에 임명하였다. 선제가 승하하고 원제가 즉위하였는데, 원제는 정무보다 음악을 즐겨, 석현 등 환관에게 정치를 맡겼다. 그 후 홍공이 죽자, 석현이 중서령이 되었다. 태중대부(太中大夫) 장맹, 위군태수 경방(京房), 어사중승(御史中丞) 진함(陳咸), 대조(待詔) 가연지(賈捐之) 등이 원제에게 그의 축출을 건의하였다. 이에 석현은 그들의 죄를 찾아내어 경방과 가연지는 처형시키고, 장맹은 자결하도록 하였으며, 진함은 곤형(髡刑)에 처하게 하였다. 이에 대신들도 석현을 두려워하였다.

파고드는 꾀가 날로 교묘해지고 서로 기대어 밀어주는 무리[依憑之黨]가 날로 번성해 안팎의 큰 권세가 이미 그들의 손에서 나오게 된다. 이를 진덕수는 "마치 사직단에 숨어 있는 쥐는 연기를 피워 나오게 할 수 없고 성곽의 구멍에 숨은 여우는 물을 채워 넣어 꺼낼 수 없는 것과 같다"고 했다. 이를 성호사서(城狐社鼠)라고 하는데 임금 곁에 있는 간신들은 몸을 안전한 곳에 두고 나쁜 짓을 일삼기 때문에 발본색원하기가 쉽지 않음을 뜻하는 고사성어다. 그래서 원제의 경우 석현의 간사스러움을 알고 있었으면서도 결국 제거하지 못한 것은 제거하고 싶은 생각이 없었던 것이 아니라 제거할 수가 없었던 것이다. 훤하게 사람을 꿰뚫어 볼 줄 아는 임금이 아니고서는 사실상 이런 간사스러운 자들을 제거한다는 것은 거의 불가능하다. 실은 그런 능력이 없었기 때문에 상황이 이렇게 됐던 것이다.

제4 유형

원제처럼 용렬하고 어두운 임금일 때는 어진 이를 노골적으로 밀쳐내는데 이를 현제(顯擠)라고 한다. 반면에 뛰어나고 밝은 임금일 때는 암암리에 제거하는데 이를 음배(陰排)라고 한다. 한나라 유방이나 무제는 사람을 보는 데 뛰어났던 임금들이다. 그런데도 조요(趙堯)[17]는 주창(周昌)[18]의 어사대부 자리를 빼앗기 위해 유방에게 마치 조왕(趙王) 유여의(劉如意-척부인 소생)를 위한다는 명분으로 뛰어나고 강직한 재상을 붙여줘야 한다면서 주창을 천거해 뜻을 이뤘고 공손홍(公孫弘)[19]은 동중서(董仲舒)[20]를 시기해 그를 외방으로 내치기 위해 무제에게 말해 교서왕의 재상이 되도록 했다. 유방이나 무제 모두 뛰어난 임금이었음에도 불구하고 겉으로는 천거하여 높이는 듯하지만 사실상 은밀하게 밀쳐내는 술책을 알아차리지 못해 뛰어난 신하들을 잃은 경우라 하겠다. 이런 술책을 양예음제(陽譽陰擠)라 한다.

---

17) 고조가 태자(혜제)를 폐하고 여의를 태자로 세우려다 결국은 포기하고 조왕에 봉했는데, 이로 인해 후에 조왕이 해를 입을까 염려했다. 어느 날 고조가 슬픈 노래를 부르자 조요가 홀로 고조가 근심하는 이유를 지적했다. 고조가 해결책을 물으니 귀하고 강한 신하를 조나라 승상으로 삼으라고 진언하면서 어사대부 주창을 추천했다. 고조는 주창 대신 조요를 어사대부로 삼았다.

18) 진나라 때 사수(泗水)의 졸사(卒史)를 지냈으나 유방을 따라 관중으로 들어가 진나라를 멸망시키고 중위(中尉), 내사, 어사대부가 되었으며, 유방이 제위에 오르자 분음후(汾陰侯)에 봉해졌다. 사람됨이 고집이 세고 직언을 서슴지 않았다. 고조가 태자(혜제)를 폐하고 여의를 태자로 세우려고 하자 한사코 이를 막았다. 여후(呂后)가 조왕(趙王-여의)을 독살하자 칭병하며 조회에 참석하지 않았다.

19) 무제 때 현량(賢良)에 추천되어 박사에 올랐다가 흉노의 일로 인해 물러났다. 기원전 130년에 다시 박사가 되고, 내사와 어사대부를 역임했다. 강력하게 간언하기보다는 무제의 뜻을 살펴 의사를 표현했고, 문자 수식을 적절하게 활용해 관료의 길을 걸으면서 유도(儒道)를 알맞게 응용하여 무제의 신임을 받았다. 기원전 124년에 승상이 되고 평진후(平津侯)에 봉해졌다. 최초의 승상봉후(丞相封侯)였다. 검소하게 살아 집안에 재산을 남겨두지 않았다. 성격이 겉으로는 관대했지만 속으로는 시기가 많아 틈이 벌어진 사람이 있으면 겉으로는 친하게 지내면서 몰래 보복을 했다.

20) 무제 때 현량대책(賢良對策)으로 백가(百家)를 몰아내고 유도만을 존중할 것을 주장했는데, 무제가 이를 받아들여 이후 2천 년 동안 유학이 정통 학술로 자리하는 계기를 만들었다. 학문은 유학을 중심으로 하면서도 음양오행과 천인감응 같은 신학적 체계도 갖추고 있었다. 천도(天道)와 인사(人事)가 서로 부응하고 군신과 부자, 부부의 도도 모두 천의(天意)에서 나온다고 하면서 "하늘이 바뀌지 않으면 도리도 바뀌지 않는다[天不變道亦不變]"고 주장했다. 나중에 자신의 학설로 말미암아 투옥되는 등 파란 많은 생애를 살았다.

충언의 거스름과 아첨의 고분고분함이 인지상정임을 알고서 이를 악용하는 경우다. 따라서 임금 된 자가 이 점을 충분히 알고서 작은 말과 행동 하나에도 그 같은 움직임을 미리 막을 때라야 온갖 꾀를 써서 남의 마음을 알아내려는 간사함은 그 뜻을 얻지 못할 것이고 끊임없이 임금의 작은 것까지도 찾아 살피려는 계략은 시행될 수 없다. 이미 보았듯이 간사한 자들이 임금을 호리는 방법은 아주 다양하지만 궁극적으로는 한 가지, 즉 무조건 윗사람의 뜻에 맞추는 봉영(逢迎)으로 요약할 수 있다. 임금이 음악을 좋아하면 어느새 온 세상의 좋은 악사와 무희들을 동원해 연회를 열어주고, 원대한 계략을 좋아하면 무리한 정복 사업을 펼치도록 계획을 빚어내며, 비판이나 지적을 싫어하면 우회적인 비판이나 풍자적인 간언에서도 털끝만 한 뜻을 찾아내 그것을 부풀려 반드시 죄로 엮어 경쟁자들을 제거한다.

수나라 양제(煬帝)는 자신이 잘 다스린다고 확신해 천하에 도적이 많다는 보고를 듣는 것을 극도로 싫어했다. 그러다보니 올라오는 보고마다 도적이 예전보다 절반 혹은 10분의 1로 줄어들었다는 식이었다. 그러나 실은 점점 늘어나고 있었다. 양제가 한번은 고구려를 정벌하는 문제를 물었는데 신하 중에 곧은 말을 하는 납언(納言) 소위(蕭威)가 에둘러서 천하에 도적이 많음을 일깨워주고 싶어 이렇게 말했다. "이번 정벌에서 바라건대 군사들을 징발하지 않고 다만 여러 도적들을 사면하신다면 절로 수십만 명을 얻을 수 있으니 그들을 보내 동쪽을 정벌하십시오." 이 말에 양제는 불쾌해했다. 소위가 나가

자 아첨을 일삼던 어사대부 배온(裴蘊)이 말했다. "이것은 크게 불손한 발언입니다. 천하의 어느 곳에 그렇게 많은 도적이 있다는 말입니까?" 양제가 말했다. "저 늙은 가죽이 아주 간사스럽게도 도적을 빙자하여 나를 협박하는구나! 저 주둥아리를 때리고 싶지만 내 참노라." 배온은 양제의 속마음을 알고서 사람을 보내 소위의 죄를 억지로 만들어냈고 결국 옥사가 이뤄져 소위는 관직에서 쫓겨나 평민이 됐다. 수나라는 곧 망했다. 사마광의 『자치통감』에 나오는 일화다.

제6 유형

진덕수는 "간신이 나라를 좌지우지할 때에는 반드시 먼저 언로를 막아서 임금을 저 위에 외로이 혼자 있게 만들고 또 맹인처럼 밖을 볼 수 없게 만든 다음에야 그 뜻한 바를 마구 펼쳐냈다"고 말한다. 당나라를 대표하는 간신 이임보(李林甫)[21]의 술책이 그런 경우다. 『신당서(新唐書)』에 나오는 일화다.

"이임보가 재상의 자리에 있으면서 총애를 튼튼히 하고 권세를 장악하여 천자의 귀와 눈을 가리고 속이는데도 간언의 책임을 맡은 관리들은 하나같이 자신들의 봉록이나 지키고자 하여 감히 바른 말을 하는 사람이 없었는데 보궐(補闕) 두진(杜璡)이 두 번째 글

---

21) 당나라 종실로 현종 때의 재상이다. 어릴 때 이름은 가노(哥奴)이다. 사람 됨됨이가 교활하고 권술(權術)에 능했고, 겉으로는 친한 듯이 보이지만 속으로는 갖은 음모와 중상모략을 일삼아 '구밀복검(口蜜腹劍)'이라 불렸다. 환관이나 비빈들과 친하게 지내며 황제의 동정을 일일이 살피고 주대(奏對)에 응해 유능하다는 평을 들었다. 조정에 있는 19년 동안 권력을 장악하고 제멋대로 정책을 시행해 사람들이 눈을 흘기며 꺼렸다고 한다.

을 올려 잘못된 정사를 논하자 그를 하규(下邽) 영(令-지방 관리)으로 좌천시켜버렸다. 그런 다음 이임보는 다른 간관들을 협박하기를 '밝으신 천자가 위에 계시니 신하들은 그 뜻을 그냥 따르면 되는 것이지 무슨 다른 할 말이 있겠느냐. 너희들은 의장대에 줄지어 선 말을 보지 못했느냐. 하루 종일 소리를 내지 않으면서도 3품관의 사료를 먹는데, 한 번 소리를 지르면 그놈은 쓰지 않는다. 그다음에는 설사 울지 않는다고 해도 쓰겠는가?' 이 일로 말미암아 간언을 다투어 올릴 수 있는 길은 끊어졌다."

『구당서(舊唐書)』에서는 이임보를 이렇게 평하고 있다.

"황상은 말년에 스스로 태평성대를 이루었다는 자긍심에 가득 차 천하에 다시는 근심 걱정이 없으리라 확신했다. 그리고 깊은 구중궁궐에서 연회와 여색에 빠져 지내면서 정사는 모두 다 이임보에게 맡기니 이임보는 황제의 좌우 측근들을 잘 구워삶아 황상의 뜻에 영합하여 황제의 총애를 튼튼히 하고 언로를 막고 황제의 총명을 가리고 덮었다. 또 그의 간사함으로 현능한 인재들을 질투하여 반드시 그들을 배제하고 꺾어 자신의 지위를 굳건히 하였으며 여러 차례 큰 옥사를 일으켜 귀한 신하들을 죽이고 내쫓아 그 세력을 확장하니 황태자 이하 모두가 그 옆에 서는 것도 두려워할 정도였다. 모두 19년 동안 재상으로 있으면서 천하의 어지러움을 키우고 완성했는데도 황상은 그것을 끝내 깨닫지 못했다."

이때 황상이란 당나라의 번영과 쇠망을 동시에 가져왔다는 평을 듣는, 양귀비와의 사랑의 주인공 현종(玄宗)이다.

제7 유형

　신하를 누르고 싶어 하는 임금의 마음을 교묘하게 활용하는 중상모략이야말로 간신술의 최고라 하겠다. 먼저 사마천의 『사기』를 보자.

　"굴원(屈原)[22]은 이름이 평(平)이고 초(楚)나라 왕실과 성이 같다. 그가 초나라 회왕(懷王)의 좌도(左徒)로 있을 때 보고 들은 것이 많고 기억력이 뛰어났으며 치세와 난세의 일에 밝고 문체가 우아하고 탁월했다. 조정에 들어오면 임금과 더불어 국사를 도모하고 의논하여 밖으로 명령을 내렸으며 나와서는 외교사절을 대접하고 제후들을 응대하니 왕이 그를 깊이 신임했다.

　상관대부(上官大夫) 근상(靳尙)은 그와 서열이 같았는데 왕의 총애를 놓고 다투면서 마음속으로 굴원의 능력을 시기했다. 회왕이 굴원으로 하여금 나라의 법령을 만들도록 하니 굴원은 아직 초안을 완성하지 못하고 있었는데 상관대부가 그것을 보고서 빼앗으려 했으나 굴원이 그것을 내주지 않자 회왕에게 굴원을 중상모략했다.

　'왕께서 굴원으로 하여금 법령을 만들도록 하신 일은 모르는 사람

---

22) 초나라의 왕족으로 태어나 처음에는 회왕의 신임을 받았지만 제나라와 동맹하여 강국인 진나라에 대항해야 한다는 합종책(合縱策)을 주장하다가 진나라와 친교해야 한다는 연횡책(連橫策)을 주장한 상관대부의 참언에 의해 면직되었다. 후에 회왕이 진나라에 갔다가 사로잡혀 죽은 뒤 아들 경양왕(頃襄王) 때 다시 쫓겨나 멱라수에 빠져 죽었다. 역대로 충신을 대표하는 인물로 인식된다. 초나라의 국운을 탄식하면서 지은 『이소(離騷)』와 「구가(九歌)」 「천문(天問)」 「어부(漁夫)」 등의 시가 『초사(楚辭)』에 실려 있다. 특히 『이소』는 충신의 안타까운 심정을 묘사한 대표적인 작품으로 흔히 인용된다.

이 없는데 매번 하나의 법령이 만들어질 때마다 굴원은 그 공을 자랑하며 '내가 아니면 누구도 할 수 없을 것이다'고 말한다고 합니다.' 왕은 화가 나서 굴원을 멀리했다."

초왕은 그리 아둔한 임금이 아니다. 그럼에도 이런 고도의 중상모략에 넘어간 것이다. 진덕수의 평이다.

"초나라 회왕이 굴원에게 했던 것을 보면 그의 현능함을 알고 있었고 그에게 중요한 일을 맡기기도 했다. 그런데 단 한 번 상관대부의 중상모략하는 말을 듣고서는 갑자기 화를 내고 굴원을 멀리했으니 이것은 무엇인가? 임금의 근심 중에는 신하와 다투는 것만큼 큰 것이 없다. 바야흐로 회왕이 굴원에게 법령을 기초하도록 한 뜻은 분명 굴원의 손을 빌려 그것이 완성되고 나면 그것을 자신이 한 것으로 하려는 데 있었을 것이다. 상관대부는 바로 이 점을 (정확히) 엿보았기에 왕에게 굴원을 중상모략하기를 굴원이 법령 기초 작업을 많은 사람들에게 자랑하면서 자신의 공인 것처럼 떠벌린다고 했던 것이다. 그리고 이런 모략은 정확하게 왕이 꺼려하는 바를 톡 건드렸으니 굴원이 내팽개침을 당한 것은 어쩌면 마땅하다고 하겠다. 대체로 간사한 자가 임금을 격노시키려 할 때는 반드시 (먼저) 임금의 뜻이 꺼려하는 바가 무엇인지를 정확히 엿본다. 굴원이 내팽개침을 당한 것도 상관대부가 회왕이 꺼리는 바를 알아서 (정확히) 그것을 자극했기 때문이다."

아첨의 싹을 끊어내다 : 조선 태종과 『대학연의』

　　이방원(李芳遠)의 리더십의 바탕으로 타고난 자질과 더불어 진덕수의 『대학연의』를 꼽지 않을 수 없다. 태종 3년(1403년) 5월 21일 태종은 옥새와 각종 제사 기기들을 관장하던 상서사에 명하여 『대학연의』의 서문과 신하들이 그 책의 내용에 관해 쓴 글을 정리해 병풍을 만들게 했다. 교훈적이거나 중요한 구절들을 늘 가까이 두고자 함이었다.

　太宗이 주로 『대학연의』에서 배웠던 바는 바람직한 군신(君臣) 관계에 집중해 있다. 오늘날 용어로 말하면 리더십 문제다. 세월이 어느 정도 흐른 태종 11년(1411년)과 12년(1412년)의 『태종실록』을 보면 그가 『대학연의』를 어떻게 이해해서 어디에 적용하고 있는지를 보여주는 기사들이 집중해 있다. 태종 11년 5월 20일 그는 지신사(知申事-비서실장 격으로 훗날 세종이 도승지로 명칭을 바꾼다) 김여지(金汝知)와 동부대언 조말생(趙末生)을 불러 『맹자』를 강독하다가 "신하가 임금을 섬김은 예(禮)로써 하는 것인데, 어찌하여 '임금을 옳다고만 섬기면 아부하는 자다' 했는가?"라고 묻는다. 이에 조말생은 "만약 한결같이 임금만 섬기기로 마음먹어 임금의 과실을 보고도 말하지 않는다면, 이것은 아첨하고 순종만 함으로써 임금을 잘못된 길로 이끌며, 비위만을 맞춤으로써 임금을 즐겁게 하는 데만 애쓰는 자입니다"라고 했다. 그러자 태종은 동의하면서 『대학연의』에도 그 같은 이야기가 있었다고 덧붙인다. 그만큼 『대학연의』는 그의 정신 깊숙이 자리 잡은 책이 되어 있었다.

그리고 태종은 그해 12월 15일에는 아예 우부대언 한상덕(韓尙德)에게 명하여 『대학연의』에 있는 말 중에서 귀감이 될 만한 것들을 골라 편전의 벽에 크게 쓰도록 지시했다.

"『대학연의』는 고금의 격언을 모아서 만든 글인데, 내가 매번 읽을 때마다, 덕형(德刑-덕을 베풀 때와 벌을 행할 때) 선후(先後-일을 할 때 중요한 것과 그렇지 않은 것)의 분별과 토지제도 그리고 외척을 멀리 하는 것이 중대한 것임을 새삼 깨닫게 된다."

더불어 그는 직언과 모함의 차이를 구별해내는 문제의 중요성도 『대학연의』에서 배웠다고 털어놓는다. 태종 12년 10월 20일 태종은 신하들과 신문고(申聞鼓) 문제를 논하다가 남을 모함하는 참소(讒訴)와 직언(直言)을 구별하는 일이 참으로 어렵다는 신하들의 이야기를 듣고서 이렇게 말한다.

"참소하는 말을 정확히 가려내기가 가장 어렵다. 만약 임금이 신하들의 직언을 참소하는 말로 받아들인다면 그 실수는 큰 것이다. 『대학연의』에서도 국왕이 늘 경계해야 할 것 중 참소나 중상모략이 으뜸이라고 했다. 매우 절실한 말이라 생각한다."

그랬기 때문에 태종은 자신과 가까운 환관들에 대해서도 지극히 엄격한 자세를 견지했다. 아첨이 싹틀 여지를 아예 막아버린 것이다. 태종 2년(1402년) 8월 4일자 『태종실록』이다.

어가가 서울로 돌아오던 길에 (경기도) 장단(長湍)에 장막을 쳤는데 [次]내관 이용(李龍), 김완(金完), 노희봉(盧希鳳), 신용명(辛用明) 등 을 순위부에 가두었다. 상이 연어(年魚)를 상왕전에 바치라고 명했는 데 보내지도 않고 이미 보냈다고 거짓말을 했고 의안대군(義安大君) 에게 내려준 것이 있는데 명을 받고서 (직접 하지 않고) 나이가 젊고 지위가 낮은 환관에게 그것을 대신하게 한 때문이다. 이들 네 사람 은 모두 상이 아주 가까이 여기는 자들이다. 그러나 조금이라도 더디 거나 늦거나 하면 엄하게 징벌을 가했기 때문에 환시(宦寺)들이 감히 제 뜻대로 하지 못했다. 모두 4일 만에 풀어주었다.

결국은 임금의 마음이다. 아첨은 아첨꾼이 시작하는 것이 아니라 임금이 빌미를 제공하는 데서 시작한다. 조선의 태종 이상으로 아첨 을 잘 끊어낸 중국의 임금은 당 태종이다. 진덕수는 『대학연의』에서 "간사스러운 아첨배들이 그 틈을 파고드는 것을 두려워한 인물로는 당 태종만 한 황제가 없었습니다. 당 태종은 그런 사람들 중에서도 으뜸가는 인물이라 하겠습니다. 그래서 봉덕이(封德彛),[23] 우문사급

---

23) 당 태종이 우복야 봉덕이에게 어질고 재능 있는 사람을 추천하라고 하였는데 "아무리 찾아도 인재가 없다"고 보고했다. 이에 당 태종은 이렇게 말했다. "영명한 군주는 사람 을 임용하는 것을 그릇을 쓰듯이 그 장점을 쓰고 모두 그 시대에서 선발했다."

(宇文士及),²⁴⁾ 권만기(權萬紀)²⁵⁾의 무리들이 다 끝내는 원하는 바를 이룰 수 없었던 것입니다"라고 말했다. 『신당서』에서 바로 그 당 태종은 이렇게 말한다.

"임금이란 오직 하나의 마음을 갖고 있는데 그것을 차지하려는 것은 여러 가지가 있으니 (나쁜 신하들은) 혹 용력으로써, 혹 변설로써, 혹 아첨으로써, 혹 간사한 계교로써 혹 탐욕으로써 그것을 차지하려 한다. 이들 각각이 스스로 (임금의 마음의) 주인이 되려고 애를 쓰고 있으니 임금이 조금이라도 해이하여 그중 하나라도 (잘못) 받아들이게 되면 곧 위태로움과 멸망이 뒤따르게 되는 것이니 그것이야말로 (행하기) 어려운 까닭일 것이다."

당 태종처럼 임금 스스로 마음을 바로 하는 것[正心]만이 아첨의 _{정심} 싹을 끊어낼 수 있는 방법이다.

---

24) 우문술(宇文述)의 셋째 아들이다. 수(隋) 문제(文帝) 개황(開皇) 말에 부음(父蔭)으로 신성현공(新城縣公)에 올랐다. 양제(煬帝)의 딸을 아내로 맞아 강도(江都)로 갔다. 형 우문화급(宇文化及)이 황제를 죽일 때, 황제의 사위였음에도 고발하지 않았는데, 황제가 죽은 뒤에 촉왕(蜀王)에 봉해졌다. 나중에 당나라로 귀순하여 왕세충(王世充) 등을 토벌하는 데 따라갔고, 영국공(郢國公)으로 진작되었다. 태종 때 중서령에 오르고, 검교양주도독(檢校涼州都督)을 거쳐 포주자사(蒲州刺史)를 지냈다. 사람됨이 대응력이 뛰어나고 삼가며 치밀했지만 생활이 사치스러웠다.

25) 당 태종의 비위에 맞추기 위해 은광 채굴을 권했다가 당 태종에게 면박을 당했다. "옛날에 요임금과 순임금이 산과 계곡에 구슬[璧珠]를 던져버렸는데 후한의 환제(桓帝)와 영제(靈帝)는 곧 돈을 모아 사사로이 싸놓았으니 경은 내가 환제나 영제가 되기를 바라는 것인가?"

거짓 간언을 분별하다 : 주 성왕과 주공

　　은(殷)나라를 무너트리고 주(周)나라를 세운 무왕(武王)이 재위 19년 만에 세상을 떠났다. 당시 그의 아들 성왕(成王)[26]은 포대기에 싸인 어린아이였다. 이때 무왕의 동생인 주공(周公)[27]이 성왕을 대신해 섭정(攝政)했다. 당연히 주공에게 의심의 눈길이 쏠렸다. 심지어 관숙(管叔)[28]을 비롯한 여러 형제들까지 주공을 의심해 유언비어를 퍼트렸다.

　　"주공은 앞으로 결국 성왕을 해칠 것이다."

　　군주제하에서는 언제건 있을 수 있는 상황이다. 조선 시대 때도 세

---

26) 중국 주나라 제2대 왕이다. 아버지 무왕이 죽었을 때 어렸으므로 무왕의 아우 주공 단(旦)이 섭정이 되었다. 동이(東夷) 원정에서 귀환한 뒤 기초를 다지고 주공 단과 소공 석의 보좌를 받아 치세에 힘썼다. 그로부터 강왕 시대에 걸쳐 주나라의 성시(盛時)를 실현했다고 한다.

27) 숙단(叔旦)으로도 불린다. 무왕을 도와 주(紂)를 쳐서 상나라를 멸망시켰다. 무왕이 죽은 뒤 나이 어린 성왕이 제위에 오르자 섭정이 되어 주왕조의 기초를 확립했다. 주왕(紂王)의 아들 무경(武庚)과 녹부(祿夫), 그리고 동생 관숙과 채숙 등의 반란을 진압하고 동방(東方)으로 원정하여 하남성 낙양(洛陽) 부근의 낙읍(洛邑, 成周)에 진(鎭)을 설치했다. 이후 주왕실의 일족과 공신들을 중원(中原)의 요지에 배치하여 다스리게 하는 등 주나라 초기에 대봉건제(大封建制)를 실시하여 주왕실의 기틀을 공고히 했다. 그가 죽은 뒤 성왕이 노나라에 천자의 예악(禮樂)을 하사해 그 덕에 보답했다. 저서에 『주례(周禮)』가 있다.

28) 문왕의 셋째 아들로 무왕의 동생이자 주공 단의 형인 희선(姬鮮)을 말한다. 무왕이 은나라를 멸망시키고 분봉(分封)할 때 채(蔡)에 봉해진 숙도(叔度)와 함께 관(管)에 봉해졌다. 무왕이 죽고 어린 성왕이 즉위하자, 주공 단이 섭정했다. 이에 채숙, 무경과 함께 동이(東夷)와 연합하여 반란을 일으켰다가 채숙, 무경과 함께 죽임을 당했다.

조가 보여주듯 어린 군주는 삼촌들 앞에 바람 앞의 촛불 신세일 수밖에 없었다. 이럴 때는 『논어』 태백(泰伯) 편에서 공자의 제자 증자(曾子)[29]가 말한 다음과 같은 신하가 있을 때라야 위기를 넘길 수 있다.

"육척의 어린 임금을 부탁할 만하고, 백리 되는 제후국의 흥망을 맡길 만하며, 국가의 위기상황에 임해서는 (그 절개를) 빼앗을 수 없다면 이는 군자다운 사람입니다."(태백 6)

可以託六尺之孤 可以寄百里之命 臨大節而不可奪也 君子人與
가이 탁 육척지고　가이 기 백리지명　임 대절 이 불가 탈 야 군자 인 여

君子人也
군자 인 야

주공은 바로 그런 인물이었다. 그는 오해를 두려워하지 않았다. 그는 자신을 믿고 따라주는 태공망(太公望)과 소공(召公)에게 말했다.

"내가 오해받는 것을 피하지 않고 섭정하는 것은 천하가 왕실을 모반할까 두렵기 때문이오."

심지어 주공의 형제들인 관숙과 채숙(蔡叔)이 주공을 의심해 유언비어를 퍼뜨리며 망한 은나라 잔존 세력인 상족(商族)을 이끌고 있던 주왕(紂王)의 아들 무경(武庚)과 함께 동이(東夷)를 끌어들여

---

29) 증점(曾點)의 아들인 증삼(曾參)을 이른다. 공자의 수제자로 효심이 지극하고 내성궁행(內省躬行)에 힘썼다. "초상을 당해서는 신중하게 치르고 먼 조상을 추모하면, 백성들이 모두 두터운 덕을 갖추게 될 것"이라고 주장하면서 하루에 세 번 반성하는 수양 방법을 제창했다. 그의 사상은 자사(子思)에게 전해졌는데, 자사의 제자가 이를 다시 맹자에게 전했다. 후세에 '종성(宗聖)'으로 불린다.

반란을 일으키자 주공은 그들을 주벌했다.

한편 주공은 자신의 아들 백금(伯禽)[30]에게 봉국인 노(魯)나라로 가서 그곳을 다스리게 했는데 이때 아들에게 당부하는 말이 『논어』 미자(微子) 편에 실려 있다. 이 말은 훗날 두고두고 임금들의 기본적인 마음가짐이 어떠해야 하는지의 모범으로 자리 잡았다.

> "참된 군주는 그 친척을 버리지 않으며, 대신으로 하여금 써주지 않는 것을 원망하지 않게 하며, 선대왕의 옛 신하들이 큰 문제[大故]가 없는 한 버리지 않으며, 아랫사람 한 사람에게 모든 것이 다 갖춰져 있기를 바라지 않는다."(미자 10)
>
> 君子不施其親 不使大臣怨乎不以 故舊無大故則不棄也 無求備
> 군자 불시 기친 불사 대신 원 호 불이   고구 무 대고 즉 불기 야   무구 비
> 於一人
> 어 일인

그중에서도 '아랫사람 한 사람에게 모든 것이 갖춰져 있기를 바라지 않는다[無求備於一人]'는 말은 관(寬)의 본래적인 의미다. 즉 신하 한 사람에게 하나의 재능이라도 있으면 그것을 발휘하게 해주고 나머지 다른 허물은 품어주는 것이 진정한 의미의 너그러운 지도자인 것이다. 관(寬)의 반대는 인(吝)이다. 말 그대로 '한 사람에게 모든 것

---

30) 주공 단의 맏아들로 금보(禽父)라 불리기도 한다. 성왕이 노공(魯公)에 봉했는데, 봉해진 지 3년이 지나서야 치적을 보고했다. 주공이 왜 이리 늦었냐고 묻자 "세속을 바꾸고 예의를 고치는 데 3년이 걸렸다"라고 대답했다. 후에 왕정을 보필하면서 회이(淮夷)와 서융(西戎)을 정벌하여 서융을 평정한 뒤 노나라가 안정을 찾았다. 공자의 나라이기도 한 노나라의 첫 번째 공(公-임금)이다.

이 갖춰져 있기를 요구하는 것[求備於一人]'이다. 게으르고 째째한
마음가짐이라 하겠다.

『논어』를 지금보다 훨씬 깊게 그리고 제왕학의 관점에서 이해했던
한(漢)나라 때는 관(寬)이라는 말이 어떻게 사용됐는지 반고의 『한
서』 '오행지(五行志)'에 나오는 한 대목을 보자.

"생각과 마음[思心]이 너그럽지 못한 것[不睿]을 일러 빼어나지 못
하다[不聖]고 한다"고 할 때의 생각과 마음이란 마음에 사려 깊음이
있는 것이다. (여기서) 예(睿)는 너그러움[寬]이다. 공자는 『논어』 팔일
편에서 말하기를 "윗자리에 있는 사람이 너그럽지 못하면[不寬] 내가
무엇으로써 그 사람을 살필 수 있으리오!"라고 했다. 이는 윗자리에
있는 사람이 너그럽고 넓게[寬大] 신하를 품어 감싸주지[包容] 못하
면 빼어난 자리[聖位=君位]에 있을 수 없다는 말이다.

즉 임금의 임금다움[德]이 바로 너그러움[寬]이라는 뜻이다. 그래
서 빼어남[聖]과 연결되는 것이다. 이는 지금도 마찬가지다. 윗사람
을 볼 때 마치 자식이 효도하는지 여부를 통해 그 자식 됨을 판단
하듯 너그러움을 실마리로 해서 임금다움을 살펴보는 것이다. 『논
어』 안연 편에서 제나라 경공과 공자는 이렇게 말을 주고받는다.

경공이 공자에게 정치하는 법[政]에 관해 묻자 공자는 이렇게 대답
한다. "임금은 임금다워야 하고 신하는 신하다워야 하며 아버지는 아

버지다워야 하고 자식은 자식다워야 합니다."

이 말을 들은 경공은 이렇게 말한다. "좋은 말이다. 진실로 임금이 임금답지 못하고 신하가 신하답지 못하고 아비가 아비답지 못하고 자식이 자식답지 못하면 제아무리 곡식이 많이 있다 한들 내가 그것을 먹을 수 있겠는가?"(안연 11)

齊景公問政於孔子 孔子對曰 君君臣臣父父子子 公曰 善哉 信如君
제경공 문정 어 공자 공자 대왈 군군신신 부부자자 공왈 선재 신 여 군
不君臣不臣父不父子不子 雖有粟 吾得而食諸
불군 신 불신 부 불부 자 부자 수 유 속 오 득 이 식 제

자식의 자식다움[子子]이 효(孝), 부모의 부모다움[父父]이 자(慈), 신하의 신하다움[臣臣]이 충(忠)이나 경(敬), 임금의 임금다움[君君]이 바로 관(寬)이다. 자식이면서 효가 없으면 자식이 아니듯이 임금이면서 관이 없으면 그것은 임금이 아니라는 뜻이다.

지인지감의 차원에서 주공을 짚어야 하는 또 한 가지 이유는 그의 인재 사랑[賢賢]이다. 그냥 저기에 인재가 있구나 하고 알아보는 데 그치는 것은 지인지감이 아니다. 열렬함이 동반돼야 한다. 당나라 문인 한유(韓愈)는 주공의 인재 사랑을 이렇게 말한다.

"한유가 듣건대 주공이 (천자를) 보필하는 재상이 됐을 때 뛰어난 이를 만나보게 돼 그 상황이 급박하자 바야흐로 한 번 먹을 때 세 번이나 먹던 음식을 토해냈고[一食三吐] 바야흐로 한 번 머리를 감으면서 세 번이나 머리카락을 붙잡아 올렸다[一沐三捉]고 했습니다. 이런 때를 만나 천하의 뛰어난 인재들은 다 이미 들어서 쓰였고 간

사하고 중상모략으로 잘 속이는 무리들은 다 이미 제거됐습니다."

섭정 7년째가 되던 해 성왕이 성장하자 마침내 주공은 정권을 성왕에게 돌려주었다. 사마천은 『사기』에서 섭정을 마친 주공의 모습을 다음과 같이 전해준다.

"주공은 성왕에게 정권을 돌려주고 북쪽을 향해 신하의 자리에 서서 공경하고 삼가는 것이 마치 뭔가를 두려워하듯이 했다."

그러면서도 혹시 주공은 성왕이 앞으로 조금이라도 정사에 게을러질까 두려워 '무일(無逸)'[31]이라는 글을 지어 경계로 삼도록 했다. 말 그대로 안일함에 빠지지 말라는 뜻이다. 조선 시대 태종은 무일전(無逸殿)이라는 건물을 짓기도 했다. 그러나 현실의 역사 속에서 육척의 어린 임금을 맡길 만한 삼촌 혹은 그런 신하를 만나기란 거의 불가능하다.

---

31) 남의 위에 서는 사람은 일신의 즐거움이나 자기 몸의 편안함을 구해서는 안 된다는 뜻이다.

'미루어 헤아림'은 곧 인재를 알아보는 능력이다

수많은 말 속에서 '미루어 헤아림'의 능력을 갖추다

: 정여립에 대한 선조와 이이의 말

하나를 가르쳐주면 하나만 아는 사람은 미루어 헤아리는 [推] 능력이 제로(0)다. 조금만 주의해서 읽어보면 『논어』에는 바로 이 미루어 헤아리는 능력을 깨우치고 길러주려는 사례들이 수없이 많다. 먼저 공야장(公冶長) 편이다.

공자가 자공에게 물었다. "너를 안회와 비교할 때 누가 더 낫다고 생각하느냐?"

자공이 대답했다. "제가 어찌 안회와 비슷하기를 바랄 수 있겠습니까? 안회는 하나를 들으면 열을 아는 사람이고 저는 하나를 들으면 둘밖에 모르는 사람입니다."

공자는 말했다. "너는 안회만큼 되지는 않는다. (그러나) 네가 안회만큼 되지 못한다는 것을 스스로 인정한 것은 높이 평가한다."(공야장 8)

子謂子貢曰 女與回也孰愈 對曰 賜也何敢望回 回也聞一以知十
자 위 자공 왈 여 여 회 야 숙 유 대왈 사 야 하감 망 회 회 야 문일 이 지십
賜也聞一以知二 子曰 弗如也 吾與女 弗如也
사 야 문일 이 지이 자왈 불여 야 오 여 여 불여 야

자공(子貢)[32]은 공자의 최고 수제자 안회(顔回)[33]에 미치지는 못하지만 대단히 뛰어난 인물이다. 흔히 안회는 인자(仁者)에 가까운 인물이고 자공은 지자(知者)에 가까운 인물로 간주된다. 인자, 지자, 용자(勇者) 모두 군자이기는 하지만 일정한 서열이 있는데 인자, 지자, 용자 순이며 안회는 인자, 자공은 지자, 자로는 용자의 전형적 인물로『논어』에 등장한다. 그런 자공에게 공자는 아주 가혹한 질문을 던진 것이다. 이런 질문을 받으면 누구라도 당혹할 수밖에 없다. 그

---

32) 단목사(端木賜)를 말한다. 공문십철의 한 사람으로 재아(宰我)와 더불어 언어와 사령(辭令)에 뛰어났다고 한다. 이재가(理財家)로도 알려져 많은 재산을 모았다. 공문(孔門)의 번영은 그의 경제적 원조에 힘입은 바가 컸다고 한다. 공자가 죽은 뒤 노나라를 떠나 위나라에 가서 벼슬했으며, 제나라에서 죽었다. 일찍이 오나라로 하여금 제나라를 공격하게 해 노나라를 구한 적이 있었는데, 이 때문에 그를 스승인 공자보다 뛰어난 인물로 여겨 공자 사후 그를 공문의 후계자로 내세우려는 움직임이 있었을 정도였다.

33) 안무요(顔無繇)의 아들로 안연(顔淵)으로도 불린다. 공자가 가장 아꼈던 제자로, 공자보다 서른 살이나 어렸지만 공자보다 먼저 죽었다. 공자는 그를 학문을 좋아하는 사람이라고 칭찬했고, 또 가난한 생활을 이겨내고 도를 즐긴 점을 높이 평가했다. "자기를 누르고 예(禮)로 돌아가는 것[克己復禮]이 곧 인(仁)이다"라든가, "예가 아니면 보지도 말고, 듣지도 말고, 말하지도 말고, 행동하지도 말아야 한다"는 공자의 가르침을 지켰지만 젊어서 죽었기 때문에 저술이나 업적은 남기지 못했다.

러나 역시 뛰어난 자공이었기에 지혜로운 답변을 했고 공자는 그래서 바로 그 점을 높이 평가해준 것이다. 그런데 이 일화에서 가장 주목해야 할 대목은 다름 아닌 자공의 대답이다.

"안회는 하나를 들으면 열을 아는 사람이고 저는 하나를 들으면 둘밖에 모르는 사람입니다."

사실 공자가 던진 이런 질문을 받았을 때 자공은 수많은 이야기를 할 수 있었을 텐데 왜 하필이면 이렇게 대답을 했을까? 그만큼 미루어 헤아리는 능력을 공자가 평소에도 강조했음을 우리도 미루어 헤아릴 줄 알아야 한다. 안회는 하나를 배우면 그것을 미루어 헤아리는 능력이 10이고 자공은 2였던 것이다.

학이(學而) 편에는 미루어 헤아림이 정확히 어떤 것인지를 보여주는 대화가 실려 있다. 역시 자공과 공자의 대화다.

자공이 말했다. "가난하지만 비굴하게 아첨[諂]을 하지 않는 것(사람)과 부유하지만 교만[驕]하지 않는 것(사람)은 어떠합니까?"

공자는 말했다. "그것도 좋다. 허나 가난하지만 즐거이 살 줄 아는 것(사람)과 부유하지만 예를 좋아하는 것(사람)에는 비할 바가 못 된다."

자공은 말했다. "『시경』에 '잘라내고 쪼고 갈고 다듬듯'이라 하였으니 바로 스승님께서 말씀하시려는 바입니다."

공자는 말했다. "사(賜)야! 비로소 (너와) 더불어 시를 말할 수 있게 되었구나! 이미 지나간 것을 일깨워주자 앞으로 올 것도 아는구나!"
(학이 15)

子貢曰 貧而無諂 富而無驕 何如 子曰 可也 未若貧而樂 富而好禮
자공 왈 빈 이 무첨 부 이 무교 하여 자왈 가야 미약 빈 이 락 부 이 호례
者也 子貢曰 詩云 如切如磋 如琢如磨 其斯之謂與 子曰 賜也 始
자야 자공 왈 시 운 여절여차 여탁여마 기 사 지 위 여 자왈 사 야 시
可與言詩已矣 告諸往而知來者
가 여 언 시 이의 고 제왕 이 지 래자

공자는 자공의 말을 듣고서 한 걸음 더 나아갈 것을 촉구했는데
그 점을 곧바로 알아차리고 『시경』에 나오는 절차탁마(切磋琢磨)의
구절을 인용하자 공자는 "이미 지나간 것을 일깨워주자 앞으로 올
것도 아는구나!"라고 자공의 미루어 헤아림[推]을 칭찬해준 것이다.
공자가 미루어 헤아림을 직접 이야기하는 대목을 통해 일단 미루어
헤아림이 얼마나 중요한 것인지에 대한 강조는 마무리한다. 술이(述
而) 편에서 공자는 이렇게 말한다.

"네 귀퉁이가 있는 물건을 갖고서 한 귀퉁이를 들어 보여주었을 때
나머지 세 귀퉁이를 미루어 알아차리지 못한다면 다시 반복해서 가
르쳐주지 않았다."(술이 8)

擧一隅不以三隅反則不復也
거 일우 불이 삼우 반 즉 불부 야

『논어』 옹야(雍也) 편에 나오는 공자와 제자 자유(子游)[34]의 대화다.

자유가 노나라의 무성이라는 읍을 다스리는 읍재가 되었다. 이에 공

자는 자유에게 너는 사람을 얻었느냐고 묻는다. 자유는 이렇게 답한다.

"담대멸명(澹臺滅明)이라는 자가 있는데 길을 다닐 때 지름길로 다니지 않고 또 공무(公務)가 아니면 한 번도 우리 집에 온 적이 없습니다."(옹야 12)

子游爲武城宰 子曰 女得人焉爾乎 曰 有澹臺滅明者行不由徑 非
자유 위 무성 재 자왈 여 득인 언 이 호   왈 유 담대멸명 자행 불유 경 비
公事未嘗至於偃之室也
공사 미상 지 어 언지실 야

얼핏 보면 그냥 밋밋한 대화 같지만 자유의 대답은 함축하는 바가 크다. 그의 미루어 헤아리는 능력을 보여준 것이기 때문이다. 이 구절에 대해 진덕수는 『대학연의』에서 이렇게 풀이하고 있다. 원래 이 책은 황제 앞에서 경전을 읽고 풀이한 내용을 담은 것이라 경어체를 사용했다.

신이 가만히 살펴보겠습니다. 자유는 지름길로 다니지 않고 공무가 아니면 자신의 집에 오지 않는다는 점을 들어 담대가 현능하다[賢]는 것을 알아차렸습니다.
현
대체로 이 두 가지는 아주 작은 행실[細行]이기는 하지만 그것으로 미루어 헤아려[推] 보아서 첫째, 길을 다닐 때는 지름길로 다니지 않았으니 이는 굽은 길을 피하고 빨리 하려 욕심을 내지 않는 것을

---

34) 언언(言偃)을 말한다. 공문십철의 한 사람으로, 공자보다 45세나 연하였고, 20여 세부터 관직 생활을 했다. 무성(武城)의 재상이 되어 예악으로 정치를 펼쳤다. 공자가 무성을 지나갈 때 현가(弦歌=絃歌)를 듣고 기뻐했다.

살펴낸 것이고, 둘째, 공무가 아니면 한 번도 사사로이 윗사람의 집에 오질 않았으니 이는 윗사람을 섬기는 데 아첨으로 기쁘게 하려는 마음이 없었다는 것을 살펴낸 것입니다.

　자유는 일개 읍재일 뿐이었는데도 그 사람을 취하는 것을 이처럼 (최선을 다해) 했습니다. 따라서 그 이상의 지위에 있는 경우 재상은 천자를 위해 백료(百僚)를 고르며 임금은 천하를 위해 재상을 고를 때 반드시 이처럼 잘 살펴야 할 것입니다. 그래서 (송나라의 명신) 왕소(王素)는 재상을 임명하는 문제를 논하면서 환관이나 궁첩은 후보자들의 이름을 알아서는 안 된다고 강조했고 『자치통감』을 쓴 사마광은 간관(諫官)을 쓸 때에는 권간(權奸)들과 밑으로 통교하지 않는 자를 써야 한다고 했으니 반드시 이와 같이 한 이후에야 강직하고 바르며 공명정대한 인사가 관직에 진출하게 되고 반면에 인사 청탁을 다투어 하고 아첨을 일삼는 풍조는 사라지게 될 것입니다.

　여기서 진덕수는 일개 읍의 인사 선발을 실마리로 삼아 송나라 황제의 재상 고르는 법으로 이야기를 확대하고 있다. 이 또한 진덕수의 제대로 된 미루어 헤아림이다.

　선조 16년(1583년) 10월 22일 선조는 이이(李珥)를 이조판서로 임명한 직후 인사에 관한 의논을 한다. 이조판서는 문관의 인사를 책임지는 최고 책임자다. 이 자리에서 이이는 "정여립(鄭汝立)[35]이 남을 업신여기는 병통이 있기는 하지만 많이 배웠고 재주가 있다"며 중용할 것을 건의했다. 이에 선조는 "정여립은 칭찬하는 사람도 있지만 헐뜯는 사람도 많으니 어디 쓸 만한 자라고 하겠는가?"라며 부정적인 의사를 밝힌다.

그리고 석달 후인 선조 17년(1584년) 1월 이이는 49세의 나이로 세상을 떠났다. 그런데 이이의 정여립 천거는 두고두고 이이의 오점으로 남게 된다. 선조는 선조 18년(1585년) 5월 다른 이야기를 하다가 문득 정여립에 대한 자신의 의견을 털어놓는다.

"정여립에 관해서는 내가 누차 만나서 그 사람됨을 살펴보니, 기질이 매우 강한 자인 듯하나 실로 그가 어떠한 사람인지 모르겠다."

결국 정여립은 먼 훗날 반란을 일으키려 했다는 죄목을 얻어 불행한 최후를 맞게 된다. 자, 이 경우 독자 여러분은 선조와 이이, 두 사람 중에 누구의 사람 보는 능력이 뛰어났다고 판단하겠는가?

정여립은 이처럼 이이가 선조에게 추천했다가 즉석에서 거절을 당

---

35) 1570년(선조 3년) 과거에 급제한 뒤 이이와 성혼의 후원과 촉망을 받았다. 원래 서인이었으나 수찬이 된 뒤 당시 집권 세력인 동인 편에 붙어서 이이를 배반하고 박순(朴淳), 성혼을 비판하였다. 왕이 이를 불쾌히 여기자 벼슬을 버리고 고향으로 돌아갔다. 그러나 동인 사이에는 여전히 인망과 영향력이 있었다. 그는 진안 죽도(竹島)에 서실을 지어놓고 대동계(大同契)를 조직하였는데, 1587년 왜선들이 전라도 손죽도(損竹島)에 침범했을 때는 당시 전주부윤 남언경(南彦經)의 요청으로 대동계를 동원하여 이를 물리치기도 하였다. 그 뒤 대동계의 조직은 전국적으로 확대되었다. 그러나 1589년 이들이 한강의 결빙기를 이용하여 황해도와 호남에서 동시에 수도로 들어와 신립(申砬)과 병조판서를 살해하고 병권을 장악하기로 했다는 고변이 올라오자 관련자들이 차례로 잡혔다. 그는 아들 옥남(玉男)과 함께 죽도로 피신했다가 관군의 포위가 좁혀지자 자살하였다. 이로써 그의 역모는 사실로 굳어지고, 징칠이 위관(委官)이 되어 사건을 조사하고 처리하면서 동인은 거의 제거되었다.

했던 인물이다. 그런데 이이가 죽자 정여립은 입장을 바꿔 이이를 헐뜯었다. 그것도 선조와 함께하는 경연에서 이이를 비방한 것이다. 이이가 살아 있을 때는 이이를 공자에 견주기도 했던 정여립이었다.

정여립에 대해서는 그를 비판하는 사람들조차 "총명하고 통솔력이 있었으며 자기주장이 강했던 인물"이었음은 인정했다. 선조 3년 (1570년) 문과에 급제했으나 관운(官運)이 별로 없어 한직을 맴돌았고 선조 17년(1584년)에야 홍문관 수찬에 오를 수 있었다. 경사(經史)에 통달했다는 평을 듣는 인물로서는 너무나도 느린 승진이었다. 여기에는 선조의 부정적 인식이 크게 작용했을 것이다. 경연에서 정여립이 느닷없이 세상을 떠난 이이를 비방하자 당시 이이에 대해 생각이 비판적으로 바뀌어 있던 선조조차도 "정여립은 송나라 때의 형서(邢恕) 같은 사람이다"라고 평했다. 형서란 원래 정명도를 따르다가 세상이 바뀌자 가장 먼저 정명도 공격에 나섰던 인물이다. 형서는 송 황제 철종(哲宗)에게 "신은 정명도를 스승으로 섬겼는데 이제 정명도가 베어져 천 토막이 나더라도 구하지 않겠습니다"고 말한다. 형서는 이후 사마광의 식객이 되었다가 다시 사마광을 배반하고 이후 장돈(章惇)[36]에게 붙었다가 또 장돈을 배반한 후에 다른 사람의 심복이 된다. 그래서 주자 이래로 성리학자들 사이에서 형서라는 인물은 배신의 대명사였다. 선조의 눈은 그만큼 정확했다.

정여립은 원래 이이와 성혼(成渾)[37]의 문하에 있으면서 서인으로 분류됐다. 그러나 이이의 사망 후 이발(李潑)[38]에게 선을 댔다. 이발은 동인의 핵심 인물이었다. 아마도 경연에서 이이를 비방한 것도 변신의 진실성을 입증하라는 동인 세력의 암묵적인 요구에 따른 것으로 보인다. 일종의 전향 증명이라고 할까?

이처럼 정여립은 이이가 살아 있을 때는 이이에게 붙어 서인 편을 들다가 이이가 죽자 이발의 동인에 가담했다. 정여립의 반란이 정말 반란인지 아니면 서인들의 음모였던 것인지는 모르겠지만 일단 서

---

36) 신종(神宗) 초에 왕안석이 정권을 잡자 편수삼사조례관(編修三司條例官)에 발탁되었다. 참지정사(參知政事)가 되었다가 일에 연좌되어 채주지주(蔡州知州)로 좌천되었다. 철종이 즉위하여 고(高) 태후가 섭정하자 지추밀원사(知樞密院事)에 임명되었는데, 사마광과 함께 면역법(免役法) 폐지를 반대하다가 유지(劉摯)와 소식 등에게 탄핵을 받아 여주지주(汝州知州)로 축출되었다. 철종이 친정하자 상서좌복야겸문하시랑(尙書左僕射兼門下侍郎)이 되어 청묘(靑苗)와 면역 등 여러 법을 모두 회복시켰다. 원우당인(元祐黨人)들을 배제하고 원구(怨仇-원수)에게 보복을 하는 등 연좌를 시킨 사람이 많았다. 철종이 죽자 휘종(徽宗)이 즉위하는 것을 극구 반대했는데, 휘종이 즉위하자 서주단련부사(舒州團練副使)로 폄직되었다.

37) 백인걸(白人傑)에게 『상서』를 배웠으며, 같은 고을의 이이와 도의지교(道義之交)를 맺었다. 1589년 기축옥사로 서인이 정권을 잡자 이조참판에 등용되었는데, 북인 최영경(崔永慶)의 옥사 문제로 정인홍 등 북인의 강렬한 비난을 받았다. 임진왜란 중에 우참찬이 되었으며, 1594년에는 좌참찬으로서 영의정 유성룡과 함께 주화론을 주장하였다. 이이와 함께 서인의 학문적 원류를 형성하였는데, 문인으로는 조헌(趙憲)·황신(黃愼)·이귀(李貴)·정엽(鄭曄) 등이 있다. 그의 학문은 이황과 이이의 학문을 절충했다는 평가를 받기도 하는데, 사위인 윤황(尹煌), 외손인 윤선거(尹宣擧), 외증손인 윤증(尹拯)에게 계승되면서 서인 중에서도 소론의 중심 계보를 형성하였다. 기축옥사에 관련되어 삭탈관직되었으나, 인조반정 이후 복관되었다.

38) 조광조의 지치주의(至治主義)를 이념으로 삼아 사론(士論)을 주도하였고, 경연에 출입하면서 왕도정치를 제창하여 기강을 확립하고 시비를 분명히 가렸다. 또 이조 전랑으로 있을 때에는 동인인 인물을 등용함으로써 원망을 샀으며, 동인의 거두로서 정철의 처벌 문제에 강경하게 대응하여 북인의 수령이 되었다. 이로 인하여 이이, 성혼 등과도 점점 멀어져 서인의 미움을 받았다. 1589년 동인 정여립의 모반 사건을 계기로 서인들이 집권하게 되자, 관직을 사퇴하고 교외에서 저벌을 기다리던 중 잡혀 두 차례 모진 고문을 받고 장살(杖殺)되었다.

인과 동인을 오가며 출세를 도모하다가 결국 낙향하여 기축옥사(己丑獄死)[39] 때 비명횡사를 한 것은 명백한 사실이다. 공자는 예를 모르는 사람[不知禮者]은 비명횡사한다고 했다. 정확히 그대로다. 당시 생전의 이이와 가까웠던 영의정 노수신(盧守愼)조차 선조에게 "이이는 자신에게 아첨하는 것을 기뻐했던 사람입니다"고 말하고 있는 것으로 보아 이이의 사람보는 눈[知人之鑑]은 결코 높게 평가될 수 없는 것이다. 미루어 헤아리는 능력이 모자랐던 것이다. 이제 선조가 정여립에 관해 두 번째로 말한 내용, 즉 "정여립에 관해서는 내가 누차 만나서 그 사람됨을 살펴보니, 기질이 매우 강한 자인 듯하나 실로 그가 어떠한 사람인지 모르겠다"는 말을 『논어』의 태백 편과 비교해보자.

공자는 말했다. "거만한 데다가 곧지도 못하고, 어리석은 데다가 공손하지도 못하고, 무능한 데다가 신실함도 없다면 나는 그런 사람을

---

39) 1589년(선조 22년) 정여립이 반란을 꾀하고 있다는 고변에서 시작해 그 뒤 1591년까지 그와 연루된 수많은 동인의 인물들이 희생된 사건이다. 서인 세력은 동인 세력을 제거하고 정권을 장악하기 위해 정여립의 모반 사건을 확대하였고, 그 후 2년 넘게 서인인 정철의 주도 아래 수많은 동인의 인물들이 탄압을 받았다. 이발, 이길(李洁), 이급(李汲) 형제와 백유양(白惟讓), 백진민(白振民) 부자, 조대중(曺大中), 유몽정(柳夢井), 최여경(崔餘慶), 이황종(李黃鍾), 윤기신(尹起莘), 이진길(李震吉) 등이 정여립과 가까이 지냈다는 이유로 일당으로 몰려 죽임을 당했으며, 우의정 정언신(鄭彦信), 직제학(直提學) 홍종록(洪宗祿) 등 동인의 핵심 인물들이 파직되었다. 특히 조식의 문인들이 큰 피해를 입었는데, 조식의 제자인 최영경은 역모의 또 다른 괴수인 길삼봉(吉三峯)으로 몰려 옥사(獄死)를 당하기도 했다. 정여립의 사건과 관련된 국문은 3년 가까이 계속되었는데, 이 기간 동안 동인 1천여 명이 화를 입었으며, 이후로 서인이 정국을 주도하게 되었다.

(어떻게 가르쳐야 할지) 알 수가 없다."(태백 16)

子曰 狂而不直 侗而不愿 悾悾而不信 吾不知之矣
자 왈 광 이 부직 동 이 불원 공공 이 불신 오 부지 지 의

무능하다는 부분만 뺀다면 고스란히 정여립을 두고 한 말이라 해
도 과언이 아니다.

부정적인 미루어 헤아림이란 무엇인가

진덕수는 부정적 의미의 미루어 헤아림, 즉 임금의 마음을
호리는 기술에 대해 『신당서』에 나오는 다음 사례를 든다.

이임보는 황상의 뜻을 잘 알아냈다[刺=探]. 이때 황제의 춘추가 높
아 듣고 결단하는 것이 점점 게을러졌고 스스로 몸가짐을 바로 하는
데 염증을 느꼈으며 대신들을 접견하는 것을 부담스러워하다가 이임
보를 얻자 그에게 모든 것을 의심 없이 맡겼다.

이임보는 임금의 욕심을 길러내는 데 능해 이로부터 깊은 궁궐에서
연회나 즐기며 미인들과 잠자리를 하느라 임금의 (임금)다움[主德]은
시들어갔다. 이임보는 매번 청을 올릴 때마다 먼저 좌우를 물리치게
하고서 황상의 아주 작은 뜻까지 살폈으며 궁궐 내 요리사나 몸종들
에게까지도 은혜와 신임을 베풀어 천자의 동정을 반드시 소상하게
알아낼 수 있었다.

이임보는 당나라 현종 때의 대표적인 간신이다. 이런 인물에 대한 진덕수의 처방이다.

신이 가만히 살펴보겠습니다. 이임보가 황상의 뜻을 잘 알아낸 것은 곧 (한나라 원제 때) 석현이 임금의 작은 뜻까지 능히 알아낸 것과 같고, 임금의 욕심을 잘 길러낸 것은 곧 조고가 진나라 2세 황제로 하여금 자기 마음대로 음란한 즐거움에 빠지도록 권한 것과 같습니다. 또 좌우를 물리치게 한 것은 곧 (하(夏)나라 때) 한착(寒浞)[40]이 안으로 궁궐 내 여인들에게 알랑거리고 왕망이 내시와 궁녀들을 잘 섬긴 것과 같습니다. 옛날의 간신들이 이처럼 하나씩만 갖고 있던 재주를 이임보는 한꺼번에 다 겸했으니 이임보는 석현과 조고와 한착과 왕망을 한 사람으로 만들어놓은 것입니다.

당나라 왕실은 이로 말미암아 거의 망할 뻔했습니다. 그 시초를 거슬러 올라가서 미루어 헤아려보건대 그 이유는 명황제(현종)의 마음이 먼저 흐려진 때문입니다. 그래서 이임보가 파고들 수 있는 여지가 생긴 것입니다. 임금이 진실로 능히 자신을 버리고 사심을 없이하여 늘 고요한 마음과 적은 욕심으로 안팎의 대비를 엄중히 하고 사사로운 청탁이나 민원을 단호히 차단한다면 제아무리 간신들이 설친다

---

40) 참언(讒言)을 일삼아 임금인 백명(伯明)에게 쫓겨나서, 유궁국(有窮國)의 임금 예(羿)에게 몸을 의탁했다. 예가 하(夏)나라 임금의 지위를 빼앗은 뒤 그를 신임하여 기용했는데, 예의 집안 사람들을 이용해 예를 죽이고 임금이 되어 예의 아내와 결혼해 두 아들 요(澆)와 희(豷)를 낳았다. 요가 하나라 임금 상(相)을 공격해 살해했는데, 후에 상의 아들 소강(少康)이 부족을 규합해 하 왕조를 부활시켰다.

고 하더라도 어찌 그 간사함을 실행에 옮길 수 있겠습니까? 『예기(禮記)』에서 이렇게 말했습니다. "왕이 도리에 적중하니 마음에 (억지로) 작위하는 바가 없어 지극히 바른 도리를 지킬 수 있다." 이 말은 곧 하나의 바른 도리만 잘 지켜도 수많은 사람들을 제어할 수 있다는 것이니 이것은 임금이라면 반드시 마음으로 다잡는 바[約]를 지키는 좋은 방도라고 하겠습니다.

미루어 헤아림도 좋은 출발점[善始]이 있을 때 가능하다는 말이다. 좋은 출발점이란 리더의 바른 마음가짐[正心]이다.

2장

인재 보는 눈을
밝히다

왜 지금
'지인지감'인가

인재를 알아보는 리더의 중요성

기자 시절 개인적으로 로마에서 두 번, 서울에서 한 번 모두 세 차례 만나서 인터뷰를 했던 일본의 역사 평설가 시오노 나나미[鹽野七生]는 자신의 대표작 『로마인 이야기』에서 "어느 시대건 인재가 없었던 적은 없다. 인재를 알아보는 지도자가 없었을 뿐"이라고 했다. 이 말은 국내 독자들에게도 큰 울림을 남겼다. 이는 어쩌면 그만큼 인재를 알아보는 눈, 즉 지인지감을 갖추기가 쉽지 않음을 단적으로 보여주는 말이라 하겠다.

그런데 이 문제를 훨씬 구체적이고도 현실적인 맥락에서 표현한 조선의 군주가 있다. 숙종(肅宗)이다. 요즘 사람들이야 숙종 하면 장희빈(張禧嬪)의 치마폭에서 놀아난 임금 정도로 가벼이 여길지 모르나 그건 잘못된 드라마 때문이다. 실록 속의 숙종은 조선을 통틀어 태종에 버금가는 강명(剛明)[41]한 임금이다.

숙종이 당쟁을 완화할 목적으로 신하들에게 "널리 인재를 구하도록 하라"고 하면 당쟁에 물든 신하들은 늘 "지금은 인재가 부족한 때라서 그렇다"고 둘러댔다. 이때 숙종은 "우리 태조께서는 망해가던 고려에서 인재를 찾아내 새 나라 조선을 세우셨다. 인재가 없는 것이 아니라 인재를 찾아내려는 마음이 없는 것"이라고 반박했다. 극적인 대비를 통해 사안의 핵심을 적출해낸 발언이 아닐 수 없다.

숙종의 이 말은 그저 식견 있는 선비나 학자의 말이 아니라 몸소

---

41) 제왕학으로서 『논어』가 제시하는 일관된 리더십상(像)은 강명(剛明)이다. 강명한 군주라야 임금다운 임금이 될 수 있다. 강(剛)은 마음이 굳세다는 뜻이다. 『논어』 공야장 편에 이런 대화가 나온다. 공자가 "나는 아직 진정 마음이 굳센 사람[剛]을 본 적이 없다"고 하자 어떤 사람이 "신정(申棖)이 있지 않습니까?"라고 답한다. 신정이 어떤 사람인지에 대한 정보는 없다. 그러나 공자의 대답을 통해 어떤 인물인지 추정하는 것은 어렵지 않다. "신정은 욕심이 많은 사람[欲]이지 어찌 마음이 굳센 사람이겠는가!" 마음이 굳센 사람과 욕심이 많은 사람은 구별하기가 쉽지 않다. 대선 때 유권자들의 고민도 거기에 있다. 욕심이 많은 사람은 사이비(似而非), 즉 겉으로는 마음이 굳센 사람과 비슷하지만 그 속은 전혀 아닌 사람이다. 참고로 사이비는 『논어』에 나오는 말로 사람을 알아보려 할 때 가장 조심해야 할 유형이 바로 사이비다. 명(明)은 눈 밝은 사람이다. 『논어』 안연 편에서 제자 자장이 명(明)의 의미를 묻자 공자는 이렇게 답한다. "서서히 젖어드는 동료들 간의 중상모략, 살갗을 파고드는 측근들의 하소연이 행해지지 않는다면 그 정사는 밝다[明]고 이를 만하다." 바로 이런 의미에서의 강(剛)과 명(明)은 옛날 우리 조상들에게는 너무나도 당연하면서도 중요한 임금 됨의 원칙이었다. 수시로 이랬다저랬다 하는 사람이 강(剛)일 수 없으며 주변에 아첨꾼들을 들끓게 하는 사람이 명(明)일 수 없다. 이성계는 건국의 영웅이지만 동시에 아들에게 권력을 빼앗긴 어리석은 군주다. 결코 강명한 군주였다고 할 수 없다. 그런 그가 1400년 11월 이방원이 형님 정종의 권력을 이어받아 대위(大位)에 오르던 날 의미심장한 한마디를 던졌다. "강명한 임금이니 권세가 반드시 아래로 옮기지 않을 것이다." 이 말 앞에 '내 권력을 앗아간 괘씸한 아들이긴 하지만', 혹은 '다른 건 몰라도'라는 부분을 넣어 읽어야 온전한 의미가 통한다.

임금의 자리에 있었던 장본인의 입에서 나왔다는 점에서 더욱 귀담아들을 만하다. 특히 역사에서 나라를 세우거나 건국(建國) 초기 나라를 반석 위에 올린 임금들의 인재 보는 눈에 주목해야 하는 이유를 제시한 것이라는 점에 큰 의미가 있다 하겠다.

건국은 위대하지만 그것은 큰 반역의 다른 표현이기도 하다. 건국이라는 성공과 반역이라는 실패를 가르는 기준은 두 가지, 하나는 대의명분이고 또 하나는 일을 성공으로 이끌 인재의 확보다. 그러므로 건국에 성공했다는 것은 대의명분을 장악함과 동시에 인재 확보를 제대로 했다는 뜻이다.

중국의 한나라 유방(劉邦)이나 당나라 이연(李淵), 명나라 주원장(朱元璋)과 우리의 고려 왕건(王建)이나 조선 이성계(李成桂)가 바로 건국 제왕이다. 이들에 대해서는 앞으로 각각 그들의 지인지감을 살펴봐야 하기 때문에 여기서는 일단 나라를 반석에 올린 당 태종 이세민(李世民)과 조선 태종 이방원의 지인지감 혹은 관인지법을 짚어본다.

외교적인 대성공을 거두다 : 이방원의 패기

먼저 태종 이방원이다. 조선왕조의 탄생은 명나라에 대한 사대(事大) 외교와 밀접하게 연결돼 있었다. 조선과 명나라는 당시 반원(反元)이라는 공통분모를 갖고 있었기 때문이다. 그래서 적어도 '1년

(年) 3사(使)'라 해서 신년에는 하정사(賀正使), 황제 생일을 축하하는 성절사(聖節使) 그리고 황태자 생일을 축하하는 천추사(千秋使)를 기본으로 하는 명나라와 조선의 외교 관계가 성립됐다. 그 밖에도 사은사(謝恩使), 주청사(奏請使), 계품사(計稟使) 등 다양한 이름의 비정기 사행(使行)이 있었기 때문에 적어도 1년에 3회 이상 조선은 명나라에 사신을 보냈다. 이에 대해 명나라는 1년에 한두 차례 사신을 보냈다. 그것을 천사(天使)라고도 하고 칙사(勅使)라고도 했다. '칙사 대접'이란 말도 여기서 나왔다.

그런데 태조 2년(1393년) 조선에 온 명나라 사신 황영기와 최연이 조정에 전달한 문서에는 '조선이 명나라를 업신여기고 있다'며 책망하는 내용이 들어있었다. 깜짝 놀란 태조 이성계는 즉각 중추원 학사 남재(南在)를 주문사(奏聞使)로 임명해 명나라 금릉(지금의 남경)으로 가서 황제에게 이에 관한 해명을 하도록 했다. 당시 황제는 명나라를 세운 주원장이었다. 그해 9월 돌아온 남재는 주원장이 "앞으로는 3년에 한 번씩만 사신을 보내라. 앞으로 하는 것을 보아가며 내가 사람을 보내 너희를 부르겠다"고 말했다고 조정에 보고했다. 이에 이성계는 바로 중추원 학사 이직(李稷)을 사은사로 임명해 다시 예전처럼 '1년 3사'로 조공하도록 허락해달라고 요청하라며 금릉으로 파견했다. 그러나 이직 일행은 요동성 밖 백탑에 이르러 입국 거부를 당해 그냥 돌아왔다.

게다가 이때 사태를 어렵게 만든 것이 두 가지 더 있었다. 하나는 조선 해적이 중국 연안을 침입한 사건이고 또 하나는 조선의 요동

정벌론이었다. 뒤엉킨 명나라와 조선의 외교 문제는 다음 해인 태조 3년(1394년) 최연과 황영기가 각각 연이어 파견되면서 실마리가 잡히기 시작했다. 명나라는 북벌에 필요한 말 1만 필을 보낼 것, 그리고 이성계의 장남이나 차남이 조선해적사건의 범인을 직접 압송해 금릉으로 들어올 것 등을 요구했다.

이성계는 고민에 빠졌다. 진안공(鎭安公) 이방우(李芳雨)는 이미 1년 전 세상을 떠났다. 다섯째 아들인 정안공(靖安公) 이방원을 제외하고는 이렇다 할 학식을 갖춘 아들이 없었다. 게다가 이방원은 이미 6년 전인 1388년 이색(李穡)을 따라서 서장관으로 명나라에 다녀온 적이 있었다. 당시 이성계로서는 이 중차대한 순간에 목숨까지 위태로울 수 있는 일을 이방원에게 맡기기에는 크게 미안한 마음이 들지 않을 수 없었다. 건국 직후 대부분의 신하들이 당연하게 세자감으로 보았던 이방원을 제치고 신덕왕후 강씨의 눈물 작전에 넘어가 이방석(李芳碩)을 세자로 정한 게 불과 2년 전의 일이 아니던가? 태조 3년 6월 1일 태조는 이방원을 불러 이른다.

"명나라 황제가 지금 우리에게 어려운 요구를 하고 있다. 네가 아니면 답할 사람이 없다."

뜻밖에 이방원은 기꺼이 수용한다.

"종묘와 사직의 크나큰 일을 위해서 어찌 감히 사양하겠습니까?"

태조는 눈물을 글썽였다고 실록은 기록하고 있다.

"너의 체질이 파리하고 허약한데 만리의 먼 길을 탈 없이 갔다가 올 수 있겠는가?"

조정 신하들은 하나같이 정안공이 위험에 처할 수 있다고 만류했다. 위험은 크게 두 가지였다. 여행 도중의 위험과 명나라에 인질로 잡힐 수 있다는 위험이었다. 이방원이 이끈 사신단은 금릉으로 갔고 이들은 다행스럽게도 황제를 여러 차례 직접 만나 조선에 대한 주원장의 의구심을 말끔하게 풀어주고 '1년 3사'의 외교 관계도 회복하는 외교적인 대성공을 거두고 돌아왔다.

당시 금릉을 가고 올 때 정안공 이방원은 북경에서 주원장의 아들인 연왕(燕王)을 만날 기회가 있었다. 당시 연왕을 만나본 후 이방원은 함께 갔던 사람들에게 "연왕은 왕으로 있을 인물이 아니다"고 말했다. 평소에도 "말과 사람을 알아보는 눈은 그 누구에게도 뒤지지 않는다"고 자부해온 이방원이다. 실제로 4년 후인 태조 7년(1398년) 명 태조 주원장이 사망하자 황태자는 7년 전에 죽었기 때문에 황손인 명 혜제가 즉위하지만 얼마 후 연왕은 형제, 조카들과 피비린내 나는 내전(內戰)을 치른 끝에 황제의 자리를 쟁취한다. 이를 중국사에서는 '정난(靖難)의 역(役)'이라고 부른다. 이때가 태종 2년(1402년)이다. 그가 바로 영락제(永樂帝) 성조(成祖)다. 성조는 1421년(세종 3년) 수도를 금릉에서 북경으로 옮긴다. 자금성 공사를 설계하고 기초를 다진 것도 영락제 때이며 유명한 환관 정화의 7차례에 걸친 해양 원정도 그의 주도로 이뤄졌다. 북경을 중심으로 중국의 골격을 재편한 장본인이다.

연왕의 황위 탈취 과정은 우리 역사에서 세조(世祖)와 비슷하다. 그래서 수양대군이 단종 때 안평대군과 김종서 등을 숙청하고 권력을 잡았을 때 '정난공신(靖難功臣)'이라고 했을지 모른다. 그러나 무력을 통한 권력 쟁취라는 면에서는 영락제와 태종의 관계도 크게 다를 바가 없다. 권력투쟁에서 첩보전의 중요성을 잘 알고 활용했던 점에서도 공통점을 갖는다. 아마 이방원이 연왕을 알아본 것처럼 연왕도 이방원을 보면서 '조만간 임금이 될 사람'임을 알아차렸을지 모른다. 우연이겠지만 이방원의 봉호도 '난을 진압해 평안을 이룬다'는 뜻의 정안(靖安)이다. 정(靖)이라는 한자는 이 무렵 주요 역사적 사건과 깊은 관련을 맺고 있었다.

덕행이 먼저다 : 당 태종의 원칙

시간을 훨씬 거슬러 올라가서 이번에는 이연이 세운 당나라를 반석에 올린 당 태종 이세민을 살펴보자. 당 태종 하면 지금도 우리는 『정관정요(貞觀政要)』를 떠올리게 된다. 당나라 사관 오긍(吳兢)[42]이 정리한 이 책은 태종이 신하들의 간언(諫言)을 얼마나 잘 받아들이면서 정치를 펼쳐갔는지를 보여주는 책으로 흔히 말하는 경

---

42) 무측천(武則天-측천무후) 때 사관(史館)에 들어가 국사(國史)를 편수했다. 처음에 유지기(劉知幾) 등과 함께 『무후실록(武后實錄)』을 편찬했는데, 장창종(張昌宗)이 장열(張說)을 꾀어 위원충(魏元忠)을 모함한 일을 기록하면서 직서하였다. 장열이 재상이 된 후 여러 차례 개정해줄 것을 부탁했지만 거절했다. 일찍이 개인적으로 『당서(唐書)』와 『당춘추(唐春秋)』를 지었는데, 완성하기도 전에 서사가 부당하다는 이유로 형주사마(荊州司馬)로 폄적(貶謫-유배)되었지만 역사 편찬을 그치지 않았다.

청(傾聽)의 리더십의 교과서라 할 만하다. 당 태종과 관련해 특기할 만한 점 하나는 그가 사람을 알아보는 법을 아주 체계적으로 정리했다는 것이다.

요즘도 종종 사람을 판단할 때 쓰이는 신언서판(身言書判), 이것이 바로 당 태종의 작품이다. 신언서판이란 당나라 때 관리를 뽑으면서 사용한 사람을 보는 네 가지 기준을 말한다. 통상 몸가짐, 언변, 필적, 판단력이라 옮기는데 실은 그렇게 간단히 옮길 일이 아니다. 우선 정확히 이 말이 어디에 어떻게 실려 있는지부터 살펴보자.

『신당서』 권(卷) 45 지(志) 제35 선거지(選擧志) 하(下)에 다음과 같은 말이 나온다.

> 무릇 사람을 고르는 법[擇人之法]에는 네 가지가 있다. 첫째는 몸[身]인데 그 얼굴과 몸매가 듬직하고 위풍당당해야 한다[體貌豐偉]. 둘째는 말[言]인데 그 말하는 바가 조리가 있고 반듯해야 한다[言辭辯正]. 셋째는 글[書]인데 글씨가 해서처럼 또박또박 정확하면서 아름다워야 한다[楷法遒美]. 넷째는 판단력[判]인데 사안의 이치에 대한 판단력이 우수하고 뛰어나야 한다.

이런 지침을 만든 것은 사람 보는 데 누구보다 뛰어났다는 평을 받는 당 태종인데 그는 특히 셋째 해법주미(楷法遒美)를 자신의 통치 철학으로까지 끌어올렸다. 해법주미란, 글씨체가 또박또박한 해서의 글꼴이어야 하며 붓을 부리는 데 있어서는 굳센 힘과 아름다움이 조화되어 우러나야 한다는 뜻으로 볼 수 있다. 요즘이야 모두 컴퓨터 자판으로 글을 쓰기 때문에 이를 실행에 옮기기에는 난점이 있다. 그러나 언(言)에 적용됐던 조리 있고 반듯함으로 그 글도 깊이 들여다본다면 얼마든지 사람을 알아보는 훌륭한 실마리로 삼을 수 있을 것이다.

신언서판에 이어지는 뒷부분을 조금 더 살펴보자.

> 이 네 가지가 다 갖춰지고 나면 일단 잠정적으로 합격시킨 다음 우선적으로 다움과 행실[德行]을 살피고 이어 다움이 재능과 균형을 이루는지[德均以才]를 보며 끝으로 재능이 수고로움(혹은 실행)과 연결되는지[才均以勞]를 점검한다. 이 세 가지를 통과하면 남겨두고 통과하지 못하면 탈락시킨다.

일단 신언서판이라는 외형적인 점검이 끝나고 나면 덕행, 재능, 실천력을 상호 연결해서 깊이 살펴봄으로써 사람을 뽑는[選擧] 기본적인 절차는 마무리된다. 사람의 안과 밖[內外]을 빈틈없이 살피는 것이다. 여기서 눈여겨봐야 할 사실은 덕행, 재능, 실천력 중에서 덕행이 가장 우선시된다는 점이다.

인재 찾기와
그 어려움

일단 썼으면 의심하지 말라

사람 보는 데 뛰어난 사람들도 쉽게 범하는 잘못이 있다. 조금 뒤에 살펴보겠지만 공자는 사람을 보는 3단계를 제시했는데 첫째는 그 사람의 행동[所以]을 보고 둘째는 그 사람이 그런 행동을 하게 된 까닭[所由]을 살펴야 하며 끝으로 그 사람이 진정 우러나는 마음[所安]에서 한 것인지 주변 사람들의 좋은 평판을 얻으려고 의식적으로 그렇게 한 것인지를 잘 가려내야 한다고 했다. 그렇게 하면 사람을 보는 일은 거의 끝난다는 게 공자의 사람 보는 방법이다. 그런데 사람 보는 데 뛰어난 사람들이 쉽게 범하는 잘못은 너무 들여다보려는 때문인지 몰라도 소안(所安)을 보는 데서 만족하지 않고 더 들어가보려는 것이다. 그것은 결국 의심하는 차원으로 나아가게 된다. 다시 『신당서』다.

　위징(魏徵)[43]이 병들어 눕자 황상과 태자가 함께 그의 집에 갔고 형산(衡山) 공주를 지목해 그의 아들 위숙옥(魏叔玉)과 결혼시키려 했다. 위징이 세상을 떠나자 황상은 스스로 비문을 지은 다음 아울러 돌에 새겼다.

　위징은 일찍이 두정륜(杜正倫)과 후군집(侯君集)이 재상감이라 하여 천거한 적이 있는데 두정륜은 죄에 걸려 축출됐고 후군집은 모반을 했다 하여 주살됐다. 이리하여 황상은 비로소 위징에 아첨하는 무리가 있는지에 대해 의심을 품고 있었는데 또 위징이 자신이 간언으로 올렸던 글을 기거랑(사관) 저수량(褚遂良)에게 보여줬다는 말이 있자 황상은 더욱 불쾌해했다. 마침내 위숙옥을 내쫓고 자신이 지었던 비석을 뽑아 넘어뜨렸다.

당 태종의 의심에 간사한 자들이 불을 지르자 아무런 틈도 없을

---

43) 수나라 말에 무양군(武陽郡) 승(丞)이던 원보장(元寶藏)을 따라 이밀(李密)에게 귀순했다. 다시 이밀을 따라 당(唐) 고조(高祖)에게 귀순하여 고조의 장자 이건성(李建成)의 측근이 되었다. 이건성이 동생 이세민에게 패한 후, 그의 인격에 끌린 태종(이세민)은 그를 간의대부(諫議大夫) 등의 요직에 임명하고 재상으로 중용하였다. 평소 직간(直諫)을 거듭해 황제의 분노를 샀지만 조금도 흔들림이 없었다. 그가 병으로 죽자 황제는 "무릇 구리로 거울을 만들면 의관을 단정히 할 수 있고, 옛날로 거울을 삼으면 흥망을 알 수 있으며, 사람으로 거울을 삼으면 득실을 밝힐 수 있다. 짐은 일찍이 이 세 가지를 가져 내 허물을 막을 수 있었다. 지금 위징이 세상을 떠나니 거울 하나를 잃어버렸도다"라며 애석해했다.

것 같았던 태종과 위징 사이도 이처럼 갈라진 것이다. 임금이 의심을 품는 순간 아첨꾼들은 달려든다. 태봉을 세워 고려 건국의 기초를 닦은 궁예(弓裔)나 각종 개혁 조치를 통해 고려를 반석에 올렸던 광종(光宗)[44]이 그런 경우다. 궁예는 관심법(觀心法)으로 자신의 의심을 다스리려 했으나 결국 패망하고 말았고 광종은 아들까지 의심하며 수많은 친족과 신하들을 죽였다. 과유불급은 이럴 때 쓰는 말이다.

이상의 내용을 한마디로 총괄하는 것이 중국의 오래된 고사성어, '사람이 의심스럽거든 결코 쓰지 말고 일단 썼으면 의심하지 말라[疑人莫用 用人勿疑]'일 것이다. 이 말은 특히 삼성의 창업자 이병철 회장이 즐겨 인용한 구절로 유명하다.

너무 많은 권한은 독이 된다 : 조선 정조의 실수

정조는 세종과 더불어 호학(好學)하는 군주였다. 그러나 그

---

44) 광종은 왕권 강화를 위해 끈기 있고 정력적으로 노력해 큰 성과를 거둔 왕이었다. 광종의 치세(治世)는 세 시기로 나눌 수 있다. 첫째 시기에는 왕권 강화와 관련된 정책은 시행하지 않았다. 이에 국내 정세는 평온했다. 둘째 시기에는 호족 세력의 제거와 왕권 강화에 필요한 제도적인 조치를 취하였다. 노비안검법과 과거제도를 시행하였고 백관의 공복(公服)도 제정하였다. 이는 호족 세력의 반발을 야기했으나 광종은 철저한 탄압을 통해 강행해나갔다. 셋째 시기에는 왕권 강화책에 반발하거나 장애가 되는 호족 세력을 과감하게 숙청했다. 당시 왕권 안정에 대한 광종의 집념은 매우 강렬해 호족 세력은 물론 골육(骨肉)과 친인척에 대한 경계도 게을리하지 않았으며 한번 의심이 가면 살육마저도 주저하지 않았다. 그 결과 혜종과 정종의 아들마저도 비명에 죽어갔다.

는 강명(剛明)한 군주, 즉 마음이 굳세고 눈 밝은 군주는 아니었다. 무엇보다 사람 보는 데 어두웠다. 정조의 문집 『홍재전서(弘齋全書)』에는 한나라 때의 명재상 곽광(霍光)[45]을 노래한 시가 실려 있다.

신중하고 성실한 마음을 가진 박륙후(博陸侯-곽광)

명당(明堂-조정)의 조회도 주나라 제도를 본받았도다

한나라 중흥시킨 계책이 없었던 것은 아니지만

척리(戚里-외척)의 권력 독점 그로부터 비롯되었다네

특정 신하에게 너무 많은 권한을 심어줄 경우 훗날 외척의 화란(禍亂)이 빚어질 수 있음을 경계한 시라 하겠다. 그러면 지켜야 하는 것이 참된 군주다. 박륙후란 한나라 대장군 곽광의 봉호다. 곽광은 그의 이모격인 위자부(衛子夫)가 무제의 황후가 되면서 왕실 외척이 됐고 무제의 유조(遺詔)를 받들어 소제(昭帝)를 보필했으며 뒤에 음란한 창읍왕(昌邑王)을 폐위시키고 선제(宣帝)를 세우기도 했다. 20년간 황제를 보필하며 큰 공을 세웠으나 그의 자손이 끝내 반란을 도모하

---

45) 곽거병(霍去病)의 이복동생이다. 김일제(金日磾), 상홍양(桑弘羊)과 함께 무제의 유조를 받들어 소제를 보필했는데, 이 시기에 백성들의 생활은 넉넉했고 사방의 오랑캐들은 모두 복속했다. 상관걸(上官桀), 상홍양과 권력을 다투다 틈이 벌어졌는데, 연왕(燕王) 단(旦)과 결탁해 모반하였다는 죄명으로 상관걸 등을 살해한 뒤 조정을 장악했다. 소제가 죽고 창읍왕 유하(劉賀)를 옹립했지만, 얼마 뒤 폐위시키고 선제를 세웠다. 정권을 장악하였던 20여 년 동안 한 치의 허물도 없었다고 한다. 선제가 공신들의 초상을 그려 모셔 놓은 기린각(麒麟閣)에서 가장 윗자리를 차지하고 있다.

다가 멸족됐다.

정조에게는 집권 초 홍국영(洪國榮, 1748~1781년)이라는 신하가 있었다. 정조의 어머니 혜경궁 홍씨가 쓴 『한중록(閑中錄)』에 따르면 홍국영은 젊은 시절 호방하면서도 해괴한 인물이었다. 이를 홍씨는 "하늘도 땅도 두려워하지 않는 인물"이라고 표현했다. 홍국영은 주색잡기로 청년기를 보냈다. 그런데 어느 시점에 작심을 하고 과거 공부를 시작해 25세 때인 영조 48년(1772년) 문과에 급제한다. 머리가 좋았다는 뜻이다.

이듬해인 영조 49년(1773년) 4월 5일 영조가 직접 숭정전 동월대에 나와 행한 소시(召試)에서 예문관원 홍국영은 훗날 동지이자 서로 다른 길을 걷게 되는 정민시(鄭民始)와 함께 우수자로 선발됐다. 이를 계기로 영조의 눈에 든 홍국영은 사관과 함께 왕세손을 보좌하는 춘방 사서를 겸직하게 되면서 정조와 인연을 맺게 된다. 혜경궁 홍씨에 따르면 아버지 홍봉한(洪鳳漢)[46]은 당시 홍국영을 좋게 보았고, 작은 아버지 홍인한(洪麟漢)[47]은 "영안위 할아버지[48] 자손 중에 저런 요망한 인간이 날 줄 어이 알았으랴"며 "집안을 망칠 위인"이라고까지 극언했다고 한다. 결과적으로는 홍인한의 진단이 정확했던 것으로 드러나게 된다. 어쨌거나 당시 권력에서 물러나 있던 홍봉한은 이복동생인 홍인한에게 홍국영의 보직을 도와줄 것을 권유하는 등 직간접적으로 홍국영을 후원하려 했다.

젊은 야심가 홍국영은 그럼에도 같은 집안인 홍씨 쪽에 줄을 서지 않았다. 자신의 본분인 세손 보호에 최선을 다했다. 의기투합(意

氣投合), 정조 즉위 초 정조와 홍국영의 관계는 이 한마디로 표현할 수 있다. 이렇게 된 데는 여러 가지 요인이 있었겠지만 무엇보다 내외척을 멀리하려 한 정조와 노론임에도 불구하고 어린 나이라 특정 정파에 속하기를 거부하는 홍국영의 기질이 딱 맞아떨어졌기 때문일 것이다. 게다가 패기에 찬 홍국영은 적어도 이때만은 진심으로 정조를 보필했다. 홍국영에 대해 대단히 비판적인 혜경궁 홍씨의『한중록』에서도 이 점을 확인할 수 있다.

　　동궁께서는 나이도 서로 비슷하고 얼굴도 잘생기고 눈치 빠르고

---

46) 사도세자의 장인이자 정조의 외할아버지이다. 영조 대 중반 이후 정순왕후 김씨의 친정 인물인 김구주(金龜柱) 중심의 남당(南黨)에 대립했던 북당(北黨)의 중심인물로 평가되었다. 특히 노론·소론이 대립하는 가운데 사도세자가 죽임을 당할 때에 방관적인 태도를 취해 후일 정적들로부터 많은 공격을 받았다. 그러나 영조가 사도(思悼)라는 시호를 내리는 등 세자에 대한 처분을 후회하자 그 사건을 초래한 김구주 일파를 탄핵해 정권을 장악하였다. 정조 연간에는 그의 행적에 대한 시비가 정파 대립의 중요한 주제가 되었는데, 그를 공격하는가 또는 두둔하는가의 여부에 따라 벽파(僻派)와 시파(時派)를 구분하기도 하였다.

47) 세손(뒤에 정조)의 외종조부라는 이유로 정후겸(鄭厚謙) 모자와 윤양후(尹養厚), 홍지해(洪趾海) 등과 결탁하여 위세를 부렸으며, 세손을 보호한다는 명목하에 군신의 예에서 벗어난 일을 자주하여 세손의 미움을 받았다. 그리하여 세손과 사이가 나빠지자 그는 벽파에 가담하여 세손의 즉위를 반대하였다. 정조가 즉위하자 여산(礪山)에 유배, 고금도에 위리안치되었다가, 곧 사사(賜死)되었다.

48) 홍주원(洪柱元)을 이른다. 1623년(인조 1년)에 선조의 딸 정명공주(貞明公主)에게 장가들어 영안위(永安尉)에 봉해졌다. 1647년에 사은사로 청나라에 갔다가 시헌력(時憲曆)을 구입하여 귀국한 후, 새로운 역법의 시행을 건의하였다. 1649년(효종 즉위년)에는 고부청시청승습사(告訃請諡請承襲使)로, 1653년에는 사은사로, 1661년에는 진위겸진향사(陳慰兼進香使)로 각각 청나라를 다녀왔다. 천성이 온순하고 효성이 지극하며 형제간에 우애가 두터웠다.

민첩하니, 세상이 어지러웠던 때를 당하여 한 번 보고 크게 좋아하셔서 총애가 깊으셨다. 처음에는 요 어린 놈이 간사한 꾀를 내어 동궁께 곧은 충고를 하는 척했지만 실은 다 듣기 좋은 말이라 (중략) 한 번 국영이 들어오면 외간의 일들을 여쭙지 않는 일이 없고, 전하지 않는 말이 없으니 동궁께서 신기하고 귀하게 여기셨다.

이는 뒤에서 보게 될, 왕망에 대한 사마광의 묘사를 떠올린다. 정조는 즉위 나흘째인 3월 13일 홍국영을 승정원 동부승지로 임명한다. 정3품 당상관으로의 승진이라는 의미보다는 왕명을 공식적으로 출납하는 자리에 올랐다는 의미가 더 컸다. 게다가 홍국영은 단순한 왕명 출납 이상의 직무를 수행했다. 왕명 생산, 즉 정조의 1인 싱크탱크이자 책사로서 정국의 밑그림을 그리는 역할을 맡았던 것이다. 7월 6일 홍국영은 도승지에 오른다. 이때 홍국영의 나이 29세였다. 영조 말기에는 주요 대신들이 정후겸의 눈치를 살펴야 했다면 정조 초에는 홍국영의 눈치를 살폈다. 정승 부럽지 않은 권세였다.

이듬해 5월 27일 홍국영은 경호실장에 해당하는 금위대장까지 겸한다. 즉위에 공이 있다고 해서 이처럼 특진에 특진을 거듭하게 한 것은 정조의 인사 처리가 그만큼 미숙했다는 뜻일 수도 있다. 그것은 홍국영을 위해서도 결코 좋은 결과를 가져올 수 없었다. 인재를 키우는 길이 아니라 죽이는 길을 선택한 것은 다름 아닌 정조 자신이었다. 정조 2년(1778년) 홍국영은 정조에게 소생이 아직 없다는 점에 착안해 열세 살 누이동생을 후궁으로 들여보내 정조와 처남 매부 사이가 된다. 정조 3년(1779년) 5월 7일 원빈 홍씨는 열네 살 어린 나이에 세상을 뜬다. 홍국영은 왕비의 상례에 준하여 동생의 상을 치렀다. 참람한 행위였다. 결국 역모 논란에 홍국영의 이름이 등장했고 정조는 홍국영의 목숨만은 살려주는 선에서 결별한다. 강원도 강릉 해안가에 거처를 마련한 홍국영은 술로 날을 지새우다가 정조 5년(1781년) 4월 사망했다. 33세였다.

윗사람을 섬김에 교언영색(巧言令色)해야 한다(99쪽 참조). 다만 교언영색한 자가 모두 진실한 마음을 갖고 있는 것은 아니다.

당파 싸움은 훌륭한 원칙도 무력하게 만든다 : 고려 최우의 4원칙

우리 역사에도 인재, 특히 공직에 뽑아 쓸 만한 인재의 유형을 직접 제시하고 실천한 현실 정치가가 있다. 『고려사(高麗史)』 반역열전에 실려있긴 하지만 무신 정권 시대를 연 최충헌(崔忠獻)의 아들 최우(崔瑀)[49]다. 그는 아버지와 달리 한미한 선비[寒士]들을 많이 선발해 인망을 회복하는 데 힘썼던 인물이다. 1225년에는 사제(私第)에 정방(政房)을 설치하고 문무백관의 인사 문제를 처리했다. 이 정방에서 백관의 전주(銓注-인사행정)를 헤아려 비목(批目)에 써서 왕에게 올리면 왕은 그것을 결재하여 내릴 뿐이었다. 1227년에 사제에 서방(書房)을 두고 문객 가운데 명유(名儒)를 소속시켜 3번(番)으로 나누어 숙직하게 하였다.

최우는 장장 30년 동안 최고 권력의 자리를 지켰다. 여러 가지 요인이 있었겠지만 그 특유의 문신(文臣) 포섭 전략이 결정적이었다고 할 수 있다. 최우는 확고한 용인(用人) 철학을 갖고 있었다. 그는 인재를 4단계로 나눴다.

첫째는 능문능리(能文能吏), 학문이나 문장에도 능하고 관리로서의 재능도 뛰어난 자다.

둘째는 문이불능리(文而不能吏), 학문이나 문장에는 능하지만 실무 능력이 떨어지는 자다.

셋째는 이이불능문(吏而不能文), 실무에는 능하나 학문 혹은 문장이 뒤떨어지는 자다.

넷째는 문이구불능(文吏俱不能), 문장이나 실무 모두 능하지 못한 자다.

이를 보아도 그가 문(文)을 이(吏)보다 앞세웠음을 알 수 있다. 이

---

49) 뒤에 최이(崔怡)로 개명하였다. 1219년(고종 6년)에 아버지 최충헌이 죽자 교정별감(教定別監)이 되어 금은(金銀), 진완(珍玩: 진귀한 노리개) 등을 왕에게 바치고 아버지가 빼앗은 공사(公私)의 전지(田地)와 농민을 그 주인에게 돌려주었으며, 한사(寒士)를 많이 등용하고, 백성을 괴롭히던 관리를 유배 또는 파면하였으며, 아우 최향(崔珦)을 귀양 보내는 등 인심을 얻는 데 크게 노력하였다. 1232년에는 몽골에 대항하기 위해 왕에게 강화로 천도할 것을 청하고 나서 개성 사람들을 강화로, 여러 도(道)의 백성을 산성과 해도(海島)로 피란시키고, 마침내 천도를 단행했다. 1243년에 국자감을 수축하는 등 장학에 힘썼고, 또 사재(私財)를 희사하여 강화에서 대장경 재조(再雕)에 착수하게 하였다. 이때부터 차츰 횡포와 사치가 심해져 백성들로부터 원망을 샀다.

96

는 곧 무신 정권이 문신을 우대함으로써 자신들의 약점을 보완하겠다는 의지의 표명이기도 했다. 이런 원칙에 따라 이규보(李奎報)[50]가 큰 우대를 받을 수 있었다.

그러나 이 같은 좋은 인재 선발을 위한 인사권자의 갖은 노력에도 불구하고 이 모든 것들을 단번에 무력화시키는 역사 속의 사건이 있다. 당쟁, 즉 당파에 따른 인재 천거다. 이 점은 예나 지금이나 마찬가지다. 당쟁이 극에 달했던 숙종 16년(1690년) 2월 25일 대사헌(大司憲) 이현석(李玄錫)[51]이 올린 상소는 지인지감과 당쟁의 대립 구도를 극명하게 보여준다.

아! 붕당(朋黨)이 서로 원수가 돼 화(禍)가 상대를 죽이는 데까지

---

50) 최이의 후견 덕분에 1219년에 계양도호부부사병마검할(桂陽都護府副使兵馬黔轄)로 부임하였지만, 박봉인 데다 환경은 열악하고 백성의 생활은 추하고 참혹하여 중앙에서의 풍족하고 쾌적하던 문관 생활을 그리워하게 된다. 그때부터 문필 기예의 소유자로서 최씨가 요구하는 모든 것을 충실히 집행하는 것만이 자신이 택할 길이라고 생각하게 되었다. 그 뒤 만 10년간은 그가 고관으로서 확고한 기반을 다진 기간이다. 1230년 한 사건에 휘말려 위도(蝟島)에 유배되었다가 8개월 만에 풀려 나와 이해 9월부터 산관(散官)으로서 몽고에 대한 국서 작성을 전담하였다. 그는 이권에 개입하지 않은 순수한 문한(文翰)의 관직자이며, 양심적이나 소심한 사람이었다. 하지만 그는 본질상 입신출세주의자이며 보신주의자였다. 그는 최씨 정권하 일반 문한직 관리층의 한 전형이었다.

51) 관직에 있는 동안 군학(君學)과 시무(時務)에 관한 여러 상소문과 저서를 지어 올렸다. 탕평책과 중농 정책을 건의하였으며, 경연 교재의 개편을 진언하였고, 국방 정책에도 많은 관심을 가져 강화도 축성 방안과 봉수 제도의 개선 방안 등을 건의하는 상소를 올렸으며, 경제세무(經濟稅務)에 관한 실용적인 사상을 가지고 조세의 감면 등 각종 정책을 입안하였고, 역리(易理)로써 군도(君道)와 치술(治術)을 설명한 『역의규반(易義窺斑)』을 저술하여 임금에게 올렸다. 성리학에도 조예가 깊었는데, 이론보다는 존심양성(存心養性) 등 실천적인 덕목에 치중하였다.

이르고, 승패(勝敗)가 번복돼 일이 적국(敵國) 사이와 같아졌습니다. 우리나라는 인재가 본래 드문데 또 그 사이에서 색목(色目)이 갈라져, 이들이 등용되면 저들이 물러가고, 갑이 성장하면 을이 소멸하여, 모두 시세에 따라 서로 돌아가며 끝내 모일 기대가 없으니, 지사(志士)가 개탄하는 것은 예전과 마찬가지인 것입니다.

끝으로 신하들 사이의 당쟁 못지 않게 지인(知人)에 해악이 되는 것은 지도자가 사사로운 감정이나 호오(好惡)에 따라 사람을 쓰는 것이다. 당장은 편할지 모르나 자신이 맡은 조직은 서서히 무너져 내려 그 오명(汚名)을 뒤에 가서 혼자 몽땅 덮어쓰게 된다. 필자의 사견이 아니라 오랜 역사가 이를 실증해주고 있다.

핵심은
마음을 꿰뚫는 것이다

교언영색이 무조건 나쁜 것은 아니다

교언영색(巧言令色)이란 말은 『논어』학이 편에 나오는 말이다. 사람들에게 "교언영색이라 하면 뭐부터 떠오릅니까?"라고 물어보면 열에 아홉은 "아첨이요"라고 답한다. 딱히 틀렸다고는 할 수 없다. 공자 자신도 팔일(八佾) 편에서 이렇게 말한 적이 있다.

"나는 임금을 모시는 데 예를 다했는데[盡禮] 사람들은 내가 아첨한다고 여기는구나!"(팔일 18)

事君盡禮 人以爲諂也
사군 진례 인 이 위첨 야

그러나 교언영색이란 말이 들어 있는 구절을 잘 살펴보면 교언영색 자체가 나쁜 것은 아니다. 공자는 말했다.

"교언영색하는 사람 중에 (정말로) 어진 사람은 드물다."(학이 3)

巧言令色 鮮矣仁
교언영색　　선 의 인

즉 교언영색이 어질지 못한 것이라 하지 않았다. 그러면 "교언영색하는 사람 중에 (정말로) 어진 사람은 드물다"라는 말은 무슨 뜻인가?

다산 정약용은 자신의 유명한 저서인 『논어고금주』에서 교언영색이란 말을 뜻 그대로 해석할 것을 주장한다. 말을 잘 가려서 하고 얼굴빛을 좋게 한다는 뜻이다. 교언영색하는 사람 중에 어진 사람과 어질지 못한 사람이 섞여 있으니 이를 잘 가려내야 한다는 말이다. 바꿔 말하면 교언도 못하고 영색도 못하는 사람은 아예 어질다고 할 수 없고 교언영색하는 사람 중에 극소수가 진실로 어진 사람이라는 뜻이다.

문맥으로 보면 다산의 이 풀이가 정곡(正鵠)을 찌른 것이다. 『논어』에는 "교언영색하는 사람 중에 (정말로) 어진 사람은 드물다"(양화 17)는 말이 양화(陽貨) 편에 다시 한 번 나온다. 그런데 이번에는 문맥이 명확하다. 그 바로 다음에 공자는 이렇게 말한다.

"자색이 붉은색을 빼앗는 것을 미워하고 정(鄭)나라 음악이 아악(雅樂)을 어지럽히는 것을 미워하며 말만 잘하는 입이 나라를 뒤집는 것을 미워한다."(양화 18)

惡紫之奪朱也 惡鄭聲之亂雅樂也 惡利口之覆邦家者
오 자 지 탈주 야 오 정성 지 란 아악 야 오 이구 지 복 방가 자

다시 한 번 정약용의 도움을 받아야 한다. "붉은색은 정색(正色)으로서 담백하고 자색은 간색(間色)으로서 요염하기 때문에 사람들이 자색을 취하면 이는 붉은색이 자색에 의해 빼앗기게 되는 것이다." 정나라 음악은 간사하고 음란한 것으로 악명이 높았다. 공자는 세 가지를 이야기하고 있지만 내용은 하나다. 진짜와, 진짜와 거의 비슷하되 진짜가 아닌 것, 즉 사이비의 문제를 말하고 있는 것이다.

교언영색이 안 되는 사람은 아예 아니기[非] 때문에 굳이 살펴볼 필요도 없고 사람을 알아보는 데[知人] 있어 어렵기는 하지만 핵심적인 관건은 교언영색하는 사람 가운데 정말로 어진 사람과 겉은 비슷한데 실은 아닌 사이비를 가려내는 것이다.

오직 고을 사람들만 칭찬하는 자 : 향원, 노(魯)나라의 포퓰리스트

『논어』에는 직접 사이비라는 말은 나오지 않는다. 그러나 맹자(孟子)에 따르면 공자는 다른 자리에서 이 말을 사용했다. 『맹자』'진심장구(盡心章句)'에 나오는 맹자와 그의 제자 만장(萬章)의 대화를 보자.

맹자가 말했다. "공자께서 말씀하시기를 '내 집 문 앞을 지나가면서 내 집에 들어오지 않더라도 내가 전혀 서운해하지 않을 사람은 아마도 향원(鄕原)뿐일 것이다. 향원은 다움[德]을 해치는 자이다'고 하셨다."

"향원은 다움을 해치는 자이다."(양화 13)

鄉原(愿) 德之賊也
향원 원 덕지적야

이 말은 『논어』 양화 편에서 교언영색을 말하기 직전에 나온다. 우선 이 말의 뜻을 풀고 다시 맹자와 만장의 대화로 돌아가자.

주희(朱熹, 1130~1200년)의 주를 보면 "향원이란 고을에서 신망이 있고 후덕하다는 평을 듣는 자이니, 시류와 동화하고 더러운 세상에 영합하여 세상 사람들에게 아첨한다. 이 때문에 고을 사람들 사이에서만 유독 후덕하다고 칭찬하는 것이다. 공자께서는 (이런 사람의 행태는) (군자)다움[德]과 비슷하나 (실은) 군자가 아니어서 도리어 다움을 어지럽힌다고 여기셨다. 그러므로 다움을 해치는 자라고 말씀하여 매우 미워하신 것이다"라고 했다. 오늘날로 치면 포퓰리스트가 바로 향원이다.

다시 두 사람의 대화다.

만장이 묻는다. "한 고을 사람들이 모두 다움이 있는 사람이라고 부른다면 그 사람은 어디를 가건 다움이 있는 사람이 아닐 수 없을 텐데 공자께서는 이를 '다움을 해치는 자'라고 하셨으니 어째서 그러신 것입니까?"

"그를 비난하려 해도 (딱 꼬집어) 드러낼 비난거리가 없고, 찔러보려고 해도 (막상 딱 꼬집어) 찔러볼 것이 없다. 시류에 동조하고 더러운 세상과 영합하여, (집 안에서) 거처할 때는 열렬하고 신의가 있는 듯하며 (밖에서) 행동할 때는 청렴하고 결백한 듯해서, 많은 사람들이 모두 그를 좋아하고 자신도 스스로를 옳다고 여기지만, 그러한 자와는 결코 더불어 함께 요순(堯舜)의 도(道)에 들어갈 수 없다. 그러므로 다움의 적이라고 한 것이다. 공자는 '비슷하면서 아닌 것[似而非]을 미워한다. 가라지를 미워함은 그것이 벼의 싹을 어지럽힐까 두려워서이고, 말재주 부리는 자를 미워함은 의(義)를 어지럽힐까 두려워서이고, 구변(口辯)만 좋은 자를 미워함은 신의를 어지럽힐까 두려워서이고, 정나라 소리를 미워함은 정악(正樂)을 어지럽힐까 두려워서이고, (간색인) 자주색을 미워함은 (정색인) 붉은색을 어지럽힐까 두려워서이고, 향원을 미워함은 다움을 해칠까 두려워서이다'라고 하셨다."

『논어』이인(里仁) 편에 나오는 공자의 말을 되새기면서 역사의 사례로 들어가보자.

"오직 어진 사람만이 제대로 사람을 좋아하고 사람을 미워할 줄 안다."(이인 3)

惟仁者 能好人 能惡人
유 인 자   능 호 인   능 오 인

"나는 어짊을 (제대로) 좋아할 줄 아는 자와 어질지 못함을 (제대로) 미워할 줄 아는 자를 보지 못했다."(이인 6)

我未見好仁者惡不仁者
아 미 견   호 인 자   오 불 인 자

그만큼 현실 속에서 진심을 다하는 교언영색과 겉모습만의 교언영색을 가려내는 것은 쉽지 않은 일이라는 뜻이리라.

말만 잘하는 입은 나라를 뒤집는다 : 한(漢)을 망하게 한 왕망

한나라 말기 외척 왕씨 가운데 왕봉(王鳳), 왕음(王音), 왕상(王商), 왕근(王根) 형제가 차례로 정권을 잡았다. 처음에 왕봉이 조정 권한을 장악하자 그의 형제와 조카들은 모두 교만해져서 위세를 부렸다. 오직 왕망(王莽)만 달랐다. 그는 훌륭한 선비처럼 매사 조심했고 청렴한 생활을 했다. 아랫사람들에게도 겸손했다. 왕근은 죽음에 임박해 조카인 왕망을 추천하여 왕씨 외척 세력을 대신하게 했다.

평제(平帝)가 즉위하자 어린 황제를 대신해 선정을 베풀기도 했다. 또 왕망은 인재들을 많이 도와주었으며 이에 따라 많은 선비들이 그에게 몰려들었다. 그러나 여기까지였다. 평제를 독살하고 어린 아들 영(嬰)을 즉위시킨 다음 스스로 정사를 대행했다. 그리고 스스로를 가황제(假皇帝) 또는 섭황제(攝皇帝)라고 불렀다. 임시 황제, 대행 황제라는 뜻인데 결국 서기 8년에 왕망은 가황제에서 진(眞)황제가 되었으며 국호를 신(新)이라고 하였다. 이로써 한나라는 멸망했다.

왕망이 이처럼 일개 외척에서 황위를 찬탈하고 한나라를 망하게 만든 가장 큰 원동력은 외견상의 겸양(謙讓), 곧 그 특유의 교언영색 덕분이었다. 그의 본심은 그가 찬탈하기 직전까지는 드러나지 않았다.

중국의 역사가들은 왕망의 사례를 곱씹고 곱씹는다. 북송의 정치가이자 역사가인 사마광이 『자치통감』에서 묘사한 이 무렵 왕망의 모습을 보자.

왕망의 모습은 엄숙했고 말은 바르고 곧았지만 하고자 하는 바가 있으면 아주 살짝만 그 의향을 드러내어 주변에서 이를 눈치로 알도록 했고, 그의 무리들[黨與]이 그의 뜻을 이어받아서 받들려 하면 왕
_{당여}
망은 머리를 조아리고 눈물을 줄줄 흘리면서 굳게 미루고 사양했다. 이렇게 함으로써 위로는 태후를 혹하게 만들었고 아래로는 많은 사람들에게 자신이 좋은 사람인 듯한 인상을 심어주었다.

이 구절에 대해 북송의 정치가이자 사상가인 진덕수는 제왕학의 교범인 『대학연의』에서 공자의 말을 끌어들여 이렇게 음미한다. 딱 우리의 문맥이다.

이는 사마광이 왕망의 속마음[情態]을 묘사한 것이다. 공자는 (『논
_{정태}
어』 양화 편에서) 말하기를 "얼굴빛은 위엄을 보이면서 내면이 유약한 것은 벽을 뚫고 담을 넘는 도둑놈과 같다[色厲而內荏 譬諸小人 其猶
_{색려 이 내임 비 제 소인 기 유}
穿窬之盜也與]"고 했다. 대체로 겉모습은 강한[强勁] 색을 띠면서 마
_{천유지도 야여} _{강경}
음속은 실제로 음흉하며 약한[陰柔] 것은 세상을 속이고 이름을 도
_{음유}
둑질하기 위함이다. 왕망이 나라를 도적질한 것도 대개 이런 술책을 사용해서 하고자 하는 바가 있으면 아주 살짝만 그 의향을 드러내고

자신의 뜻이 이루어지면 눈물을 줄줄 흘리면서 굳게 미루고 사양하는 식의 간사함으로 그렇게 한 것이다. 밝은 군주라 하더라도 이런 것들은 단번에 모두 살피기[察]는 불가능한데 하물며 모후야 얼마나 쉽게 속이고 일반 백성들이야 얼마나 쉽게 현혹시켰겠는가? 이런 식으로 한나라의 정권은 야금야금[漸] (왕망에게로) 옮겨갔던 것이다.

여기서 우리는 위에서 보았던 공자의 말을 떠올리지 않을 수 없다.

"말만 잘하는 입이 나라를 뒤집는 것을 미워한다."
惡利口之覆邦家者
오 이구 지 복 방가 자

양웅(揚雄)은 한나라 말기에서 왕망의 시대를 살았던 사람으로 한때 왕망에게 아부하는 시를 지어 올려 두고두고 비판의 대상이 된 인물이기도 하다. 그런데 그가 『논어』를 모방해서 쓴 흥미로운 책 『법언(法言)』에 사람 보는 어려움을 토로하는 내용이 나온다. 어떤 사람이 사람을 알아보는 법에 대해 묻자 양웅은 이렇게 답했다.

"알기가 어려운 것이다."
"어찌하여 어려운 것입니까?"
"천하의 명산인 태산(泰山)과 개미집을 비교하거나, 또는 천하의 큰 물인 장강이나 황하를 길에 팬 웅덩이에 괸 물과 비교하면 그 서로 다른 것을 한눈에 볼 수 있어 알아보기 어려울 것이 없는 것이다.

그러나 크게 빼어난 이[大聖]와 크게 간사한 이[大佞]는 언뜻 보아 분별이 잘 안 되는 것이다. 이것이 어렵다는 말이다. 아! 너무도 닮은 것을 분별해낼 수 있는 사람이야말로 참으로 분별하는 것에 어려움이 없는 사람이라 할 것이다.”

교언영색과 사이비를 떠올리게 하는 말이다. 여기서 '크게 간사한'이란 당연히 왕망을 염두에 둔 말일 것이다.

보고, 관찰하고, 분별하라

공자의 지인지감 1단계, 시(視)

『논어』 위정(爲政) 편 중에서 아래 구절은 공자가 우리에게 명료하게 제시해준 사람 보는 법, 즉 지인지감이다. 공자는 이렇게 말했다.

"(사람을 알고 싶을 경우) 먼저 그 사람이 행하는 바를 잘 보고, 이어 그렇게 하는 까닭이나 이유를 잘 살피며, 그 사람이 진심으로 편안해하는 것을 꼼꼼히 들여다본다면 사람들이 어찌 그 자신을 숨기겠는가? 사람들이 어찌 그 자신을 숨기겠는가?"(위정 10)

視其所以 觀其所由 察其所安 人焉廋哉 人焉廋哉
시 기 소 이　관 기 소 유　찰 기 소 안　인 언 수 재　인 언 수 재

첫째, 그 사람이 겉으로 드러내는 말과 행동[所以=所行]을 잘 들여다보라[視]는 것이다. 설사 상대방이 이미 문제가 될 수 있는 행동거지를 보여주었는데도 그것을 포착해 알아보지 못한다면 그것은 상대방이 아니라 본인의 문제다.

『세종실록』에 나오는 황희(黃喜)[52]와 김종서(金宗瑞)[53] 일화는 바로 그 점을 보여준다. 공조판서로 있던 김종서가 자신의 사무실을 찾아온 정승 황희를 접대하면서 공조의 물건을 사용한 적이 있었다. 당시에는 예빈시(禮賓寺)라고 해서 의정부 건물 바로 옆에 정승들의 접대를 전담하는 기구가 있었다. 황희는 "예빈시에서 가져오면 될 것을 어찌 공조의 물건을 사사로이 쓸 수 있는가"라며 민망할 정도로 호통을 쳤다.

---

52) 성품이 너그럽고 어질며 침착하였고, 사리가 깊고 청렴하였으며, 충효가 지극하였다. 학문에 힘써 높은 학덕을 쌓았으므로 태종으로부터 "공신은 아니지만 나는 공신으로서 대우했고, 하루라도 접견하지 못하면 반드시 불러서 접견했으며, 하루라도 좌우를 떠나지 못하게 하였다" 할 정도로 두터운 신임을 받았다. 1431년(세종 13년) 영의정부사에 오른 뒤 1449년(세종 31년) 치사(致仕-나이가 많아 벼슬을 사양하고 물러나는 것)하기까지 18년 동안 국정을 통리(統理)하였다.

53) 육진 개척의 수장으로서, 강직하고 위엄을 갖춘 관료였다. 하지만 관료로서 왕의 절대적인 신임을 받게 되자, 위세가 범하기 어려운 지경에 이르렀다. 그러한 위세는 단종이 즉위하면서 더욱 심해져 "그의 전횡과 독단이 너무 심하다"라는 명나라 사신의 평을 받기도 하였다. 세종은 『고려사』 개수 작업이 미비하자, 1449년에 김종서, 정인지 등에게 고쳐 쓰도록 하였다. 그 작업은 2년 후에 끝났는데, 이때 집필과 교열을 맡은 이들은 김종서 외에는 모두 집현전의 관료 출신들이었다. 단종이 즉위한 뒤 의정부서사제(議政府署事制) 아래서의 의정부 대신들의 권한은 왕권을 압도할 정도였다. 특히, 학문과 지략에 무인적 기상을 갖춘 그의 위세는 당시 '대호(大虎)'라는 별명을 듣기에 족하였다. 따라서 수양대군이 야망을 실현하는 데 가장 문제가 되는 인물로 지목되었고, 결국 계유정난 때 제거되었다.

또 병조판서로 있던 김종서가 윗사람들이 있는데도 비스듬하게 앉아 있자 황희는 큰 소리로 "여봐라, 병판 대감 의자 한쪽 다리가 짧은가 보다 빨리 고쳐드려라" 해서 깜짝 놀란 김종서가 무릎을 꿇고 사죄한 일도 있었다. 이후에도 사람 좋다는 평을 들은 황희지만 김종서에 대해서만은 아무리 사소한 잘못도 그냥 지나치지 않았다. 보다 못한 맹사성(孟思誠)이 황희에게 "종서는 당대의 명판서이거늘 어찌 그리 허물을 잡으십니까?"라고 물었다. 그에 대한 황희의 대답이다.

"종서는 성격이 굳세고 기운이 날래어 일을 과감하게 하기 때문에 뒷날 정승이 되면 신중함을 잃어 일을 허물어뜨릴까 염려해 미리 그의 기운을 꺾고 경계하려는 것이지, 결코 그가 미워서 그러는 것이 아니오."

김종서는 훗날 실제로 정승에 오르지만 결국 수양대군에게 희생돼 제명에 죽지 못했다. 황희가 우려한 삼가는 마음[敬]이 부족한 행동 때문으로 볼 수 있다.

공자의 지인지감 2단계, 관(觀)

둘째, 그 사람이 어떤 행동을 했을 때 어떤 이유에서 그렇게 하는지[所由=理由]를 깊이 들여다보라[觀]는 것이다. 여기에는 남이 전해주는 말은 쉽게 듣지 말라는 뜻도 포함된다. 『신당서』에 당

태종과 그가 가장 신뢰했던 신하 위징 사이에 있었던 이런 일화가
실려 있다.

당나라 태종은 즉위하여 위징을 간의대부(諫議大夫)로 삼았는데
위징은 스스로 내세우는 바가 없었고 자신의 속마음[底蘊]을 남김없
이 드러내어 숨기는 바가 전혀 없었다. 그래서 모두 200여 차례 올린
글이 황제의 마음에 딱 들어맞지 않는 바가 하나도 없어 이로 말미암
아 상서우승 겸 간의에 제수했다.

그런데 좌우에서 위징이 친척들을 사사로이 하며 패거리를 만들고
있다고 고발하자 황상은 어사대부 온언박(溫彦博)으로 하여금 이를
조사토록 했는데 그런 실상이 없었다. 온언박이 말했다.

"위징은 신하로서 그 같은 형체와 흔적을 드러내지 않았고 혐의와
는 전혀 무관했습니다. 다만 익명의 비방(飛謗)을 당했으니 그 점에
대해서는 문책을 할 필요가 있을 듯합니다."

황상이 온언박을 시켜 위징을 나무라자 위징은 알현하고서 사과
했다.

"임금과 신하는 한마음이라고 했는데 이는 곧 한 몸이라는 뜻입니
다. 그런데 어찌 공적인 일을 하면서 형체와 흔적을 남겨둘 수 있습니
까? 만약에 위아래가 서로 형체와 흔적을 남겨둔다면 (이렇게 되면 서
로 과시를 하려 할 것이기 때문에) 나라의 흥망이 어찌 될지 알 수 없
을 것입니다."

즉 태종과 위징 사이에는 아차 하면 틈[隙]이 생길 수 있었고 간사한 자들은 끊임없이 그 틈을 늘리려 했다. 중요한 것은 그럴 때 밝은 군주의 일 처리 방식이다. 여기서 태종처럼 신뢰할 수 있는 온언박을 시켜 곧바로 실상을 확인하는 것이다.

흥미롭게도 조선의 태종도 『조선왕조실록』 태종 1년(1401년) 4월 6일자 기록에서 거의 비슷한 장면을 연출해 보인다.

이날 윤목(尹穆, ?~1410년)을 합주지사(陜州知事-지금의 합천)로 삼았다. 윤목은 삼군부 판사 이무(李茂, 1355~1409년)의 조카로 좌명공신(佐命功臣)이다. 이때 봉상경(奉常卿)으로 있었다. 이무가 태종에게 말했다.

"목이 합주의 수령이 되고자 합니다."

태종은 그것을 허락했다. 윤목이 대궐에 나아가 하직 인사를 올리자 태종은 도승지 박석명(朴錫命, 1370~1406년)에게 명하여 윤목에게 묻도록 했다.

"어째서 합주의 수령이 되려고 하는가?"

윤목이 대답하여 말했다.

"신은 공신이 되었으니 비록 산질(散秩)[54]이라도 서울에 머물면서 전하를 모시고 호위하는 것이 신의 바라는 바입니다. 어찌 지방 관직[外任]을 구했겠습니까?"

---

54) 산관(散官)이라고도 하는데 일정한 직무가 없는 벼슬자리를 말한다. 반대말은 실직(實職)이다.

이무가 거짓말을 했던 것이다. 전해 들은 말을 점검하는 태종의 모습이 치밀하다.

여기서 이무가 어떤 인물인지 알 필요가 있다. 그의 인생 역정에는 여말선초의 격랑이 고스란히 새겨져 있기 때문이다. 고려 공민왕 때 문과에 급제해 우왕 때 밀직사사가 되었으나 이인임(李仁任)의 당으로 몰려 곡주(谷州)로 유배됐다. 조선이 건국되자 다시 등용됐고 태조 때는 도체찰사가 돼 5도의 병선을 거느리고 왜구의 소굴인 일본의 이키섬[壹岐島]과 대마도를 정벌했다. 무엇보다 그가 역사에 이름을 드러내게 된 사건은 1차 왕자의 난이다. 이때 세자 이방석을 보필하던 정도전(鄭道傳), 남은(南誾) 등이 남은의 첩의 집인 송현(松峴)에 모여 반란을 모의한다는 정보를 정안공 이방원(태종)에게 밀고해 그들을 급습, 평정한 공로로 정사공신(定社功臣) 2등에 올랐다. 그 후 우정승에 올랐으나 태종 9년(1409년) 태종의 처남들인 민무구(閔無咎), 민무질(閔無疾)의 옥사에 관련돼 처형됐다. 무엇보다 그는 원나라 이택민(李澤民)이 만든 광피도(廣被圖)와 승려 청준(淸濬)의 혼일강리도(混一疆理圖)를 통합하고 요하의 동쪽에 있는 조선과 일본을 넣어 역대제왕혼일강리도(歷代帝王混一疆理圖)를 만든 것으로 유명한 인물이기도 하다.

훗날 이무가 죽게 되는 것도 여기서 드러나듯 임금을 속여가며 인사에 개입한 일과 무관하지 않다. 실록에는 많은 사람들이 이무를 찾아가 인사 청탁[奔競]을 했다는 기록이 여러 차례 나온다. 그런 이무였기에 우리는 태종이 처음부터 의심을 품고서 가장 믿는 박석명에게 진상을 알아보도록 한 부분에 주목해야 한다. 태종은 이무의 소유(所由)를 깊이 들여다보려 한 것이다. 이 점에서는 조선의 태종도 당 태종 못지않게 사리에 밝은 군주[明君]였다.
명군

공자의 지인지감 3단계, 찰(察)

셋째는 그 사람의 행동이나 말이 왜 그런지를 알게 됐다면 한 걸음 더 나아가 그조차 우러나서 한 것인지[所安] 아닌지를 꿰뚫어 보아야 한다는 것이다. 안(安)이라는 한자는 그냥 편안해하는 것이 아니라 진심으로 우러나서 그렇게 한다는 뜻이다. 즉 남을 의식해서 그렇게 하는 것은 아니라는 말이다.
소안

『논어』 학이 편에서 공자는 말했다.

"남들이 자신을 알아주지 않아도 속으로도 서운해하는 마음이 없다면 진실로 군자가 아니겠는가?"(학이 1)

人不知而不慍 不亦君子乎
인 부지 이 불온 불역 군자 호

이 말은 바로 이 안(安)의 깊은 의미를 풀어낸 것이다. 다른 사람이 아니라 스스로가 기준이 되어 행동을 하라는 말이다. 남을 의식해서 하는 행동은 결국 사람을 보고 판단하는 데 장애물일 뿐이다. 그런 점에서 안(安)과 가장 가까운 말은 신독(愼獨)이다. 누가 보건

보지 않건 늘 한결같아야 한다는 뜻이 바로 신독이다. '홀로 있을 때 삼가라'라고만 옮겨서는 그 뜻을 정확히 알 수가 없다.

소안(所安)을 꿰뚫어 볼 줄 안다면 사람을 알아보는 마지막 단계에 이른 셈이다. 그래서 공자는 이 세 가지를 차례로 열거한 다음에 소안에 이른다면 "사람들이 어찌 자신의 속마음을 숨길 수 있겠는가?"라는 말을 두 번 반복한다. 즉 지인(知人)은 소안에서 완성된다는 뜻이다. 이 사례를 살피기 위해 다시 실록으로 들어가보자.

태종의 심복 중의 심복 박석명은 태종 6년(1406년) 세상을 떠나면서 자신의 일을 대신해줄 인물로 황희를 천거했다. 그래서 황희는 박석명의 뒤를 이어 도승지(혹은 지신사)가 돼 태종의 복심(腹心) 역할을 한다.

태종 8년(1408년) 12월 5일 밤 태종은 줄곧 자신을 도왔던 정승 조준(趙浚)의 아들이자 자신의 둘째 사위인 조대림(趙大臨, 1387~1430년)을 반역 혐의로 순금사에 가두도록 전격적으로 명했다. 얼마 후 밝혀지지만 그가 순금사에 갇히게 된 것은 목인해(睦仁海)의 모함 때문이었다. 목인해는 김해 관노 출신으로 애꾸눈에 활을 잘 쏘았다. 원래는 태종의 처남 이제의 가신이었다. 그랬다가 이제가 1차 왕자의 난 때 죽자 정안공의 사람이 돼 호군에 올랐다.

그의 부인은 조대림 집의 종이었다. 그래서 목인해는 늘 조대림의 집을 드나들었고 조대림도 목인해를 가족처럼 대해주었다. 그런데 목인해는 '대림이 나이가 어리고 어리석으니 모함하면 부귀를 도모할 수 있을 것이다'고 생각해 나름의 시나리오를 꾸몄다.

목인해는 자신이 부마로서 군권을 갖고 있던 이제의 휘하에 있을 때의 경험을 이야기하며 "뜻밖의 변이 일어나면 다른 사람들은 문제가 없지만 공은 군사에 익숙하지 못하니 미리 대처하는 방법을 익혀둬야 한다"고 말했다. 그리고 목인해는 "설사 변을 일으키는 자가 있더라도 내가 힘을 다해 공을 돕겠소"라고 다짐했다.

다른 한편으로 목인해는 은밀하게 태종의 또 다른 측근인 이숙번(李叔蕃)을 찾아가 "평양군(-조대림이 아버지의 작호를 1406년 이어받았다)이 두 마음을 품고 군사를 일으켜 공과 권규(-권근의 아들이자 태종의 셋째 사위), 마천목을 죽이고 역모를 꾀하려고 하오"라며 거짓 밀고를 했다. 그리고 "조대림이 일찍이 '예전에 장인이 그 딸과 더불어 사위의 과실을 말하였는데, 딸이 그 남편에게 고하여 도리어 장인을 죽인 일이 있다'고 하였습니다"라는 황당한 증언도 곁들였다.

이숙번은 즉각 태종에게 아뢰었고 태종은 직접 목인해를 불러 믿을 수 없다며 "대림이 나이 어린데 어찌 감히 그렇게 하겠느냐? 만일 네 말이 사실이라면 반드시 주모자가 있을 것"이라고 말했다. 목인해는 이 말을 듣고는 즉각 조대림에게 달려가서 "곧 무장한 군사 수십 명이 경복궁 북쪽 으슥한 곳에 모여 공을 해하려고 하니, 공은 마땅히 거느리고 있는 병마로 이를 잡으소서"라며 덫을 놓았다. 병사를 몰고 경복궁 쪽으로 간다는 것은 곧 사정을 모르는 사람이 볼 때는 쿠데타이기 때문이다.

조대림이 처음에는 이숙번과 이야기해야겠다, 태종에게 알려야겠다고 하자 목인해는 상황이 급하니 먼저 군사를 출동시키고 나서

116

알려도 늦지 않다고 유인했다. 조대림도 이를 옳다고 여겨 우선 목인해의 뜻을 따르기로 했다. 그러나 뭔가 이상하다고 생각한 태종은 조대림에게 사람을 보내 소격전(昭格殿-도교의 제사 공간)에서 제사를 지내라고 명했다. 그런데 조대림은 자신이 범염(犯染-초상집에 갔다 옴)을 했기에 불가능하다고 답했다. 그 바람에 태종도 조대림을 의심하게 된다.

목인해의 구상은 의외로 치밀했다. 목인해는 조대림의 집에 와서 "위아래 친분이 있는 사람이 누구냐"고 물었다. 이에 조대림은 조용(趙庸)[55]밖에 없다고 말했다. 조용은 정몽주의 문인으로 성균관 대사성을 지낸 덕망이 있는 학자였다.

조대림이 조용을 불러 침실에서 은밀하게 자기가 아는 전후 사정을 이야기했다. 조용은 당장 "주상께 아뢰었소?"라고 물었다. 조대림이 "아직 아뢰지 못하였소"라고 답하자 조용은 얼굴빛이 변하며 "신하가 되어서 이런 말을 들으면, 곧 주상께 달려가 고하는 것이 직분인데, 하물며 부마는 더 말할 게 뭐가 있겠소?"라며 야단치듯 말하고 자신이 직접 고하겠다고 대궐을 향해 나섰다. 이에 당황한 목인해는 조용을 길에서 잡아 억류한 다음 이숙번에게 달려갔다.

"조용이 지금 평양군의 집에 있습니다. 이 사람이 모주(謀主)입니

---

55) 1392년 7월에 사예로서 공양왕이 당시 실권을 잡고 있던 이성계와 맹세하려고 할 때 그 초(草)를 잡아 이방원과 함께 초고(草稿)를 바쳤다. 조선 건국 초기에는 병으로 성균쾌주를 사임하고 보주(甫州)에서 자제들을 교육하였다. 1398년(태조 7년) 9월에 우간의로서 이조 전서 이첨(李詹), 진지선주사(前知善州事) 성이오(鄭以吾)와 함께 경사(經史)에서 임금의 마음가짐과 정치에 관계되는 것만을 찬집하여 상절(詳節)을 만들어 바쳤다.

다. 평양군이 만일 거사하면, 내가 백마를 타고 그를 따를 것이니, 만약 대인의 군사와 만나거든, 군사를 경계하여 나를 알게 하소서. 그러면 내가 칼을 뽑아 평양군을 베겠습니다."

그런데 이 틈에 조용이 탈출에 성공해 태종에게 진상을 낱낱이 보고했다. 태종은 조용의 말을 듣자 "내 이미 알고 있었다"고 답한다. 이제 남은 것은 목인해를 잡아들이는 일이었다.

한편 태종은 이숙번에게는 "조대림이 만약 군사를 발하면 향하는 곳이 있을 것이니, 경(卿)의 집에서 조천화(照天火-일종의 조명탄)를 터뜨려라. 내가 나발을 불어서 응하겠다"라고 일러두었다. 그러면 서도 지신사 황희에게는 시치미를 뚝 떼고서 "들으니 평양군이 모반하고자 한다니, 궐내를 요란하고 시끄럽게 하지 말라"고 말한다. 이에 황희가 주동자가 누구냐고 묻자 "조용이다"라고 답했다. 그러자 황희는 "조용은 사람됨이 아비와 임금을 죽이는 일은 따르지 않을 것입니다"[56]고 말했다.

후에 평양군이 옥(獄)에 나아가므로 황희가 목인해를 아울러 옥에 내려 대질(對質)하도록 청하니 태종이 그대로 따랐는데, 과연 목인해의 계획이었다. 태종이 대신(大臣)들을 모아놓고 직접 사안을 헤아려보니 조용은 정직했다. 이에 태종은 황희를 보며 이렇게 말한다.

"예전에 목인해의 변고에 경이 말하기를 '조용은 아버지와 군주를 죽이는 일은 따르지 않을 것입니다'라고 하더니 과연 그렇다."

다소 복잡하긴 해도 이런 급박함 속에서 황희의 지인지감 수준을 살피는 데는 이 사례만 한 것이 없다. 황희는 소안(所安)을 꿰뚫어낼 줄 아는 사람이었던 것이다. 이는 곧 사람의 속마음을 가장 정밀하게 살필 수 있었다는 말이다. 황희의 지인지감이 『논어』를 통해 단련됐음은 두말할 필요도 없다. 이처럼 태종이 신뢰하고 훗날 세종 또한 평생토록 의지하게 된 것도 실은 황희의 이 같은 사람을 알고[知人] 일을 아는[知事] 능력 때문이었다.

공자의 이 지인지감 3단계론에 대해 진덕수는 『대학연의』에서 이렇게 풀이하고 있다.

대개 사람이 행하는 바는 다 뜻하지 않게 좋은 것과 맞아떨어지는 경우가 있으니 반드시 그 사람이 의리를 위해 그렇게 한 것인지 이익을 위해 그렇게 한 것인지를 잘 살펴보아야[觀] 합니다. 만약 그 본마음이 실제로 의리에 있었다면 그 좋음은 진실함에서 나온 것이니 좋다고 할 수 있습니다. (그러나) 만약 그 본마음이 실제로 이익에 있었다면 그 (뜻하지 않은) 좋음은 진실함에서 나온 것이 아니니 어찌 좋

---

56) 황희의 이 말은 짧지만 함축적 의미를 담고 있다. 그것은 원래 『논어』 선진 편에 나오는 말을 정확히 필요한 맥락에서 사용한 것이기 때문이다. 따라서 그 문맥을 알 때 황희의 이 말을 제대로 이해할 수가 있다. 계자연이 공자에게 물었다. "중유와 염구는 대신이라고 이를 만합니까?" 공자는 말했다. "나는 그대가 남과는 다른 빼어난 질문을 하리라고 생각했었는데 기껏 유(자로)와 구(염유)에 관한 질문을 던지는구나! 이른바 대신이란 것은 도리로써 군주를 섬기다가 더 이상 도로써 섬기는 것이 불가능해지면 그만두는 것이다. 지금 유와 구는 숫자나 채우는 신하라고 이를 만하다." 이에 계자연은 "그렇다면 두 사람은 따르는 사람입니까?"라고 묻는다. 공자는 말했다. "아버지와 군주를 시해하는 것은 정녕 따르지 않을 것이다." 즉 조용이 내신의 노리에는 부족하나 군신 간의 의리는 익히 들었으니 시해하고 반역하는 큰 잘못은 반드시 따르지 않을 것이라고 말한 것이다.

다고 할 수 있겠습니까?

그런데 그 따르는 바[所從=所由]가 좋다고 해도 그 마음이 우러나
서 하는 바[所安]가 아니라면 진실로 아직은 능히 '우러나서 했다'고
할 수 없을 것입니다.

왜냐하면 (지금은 안 그런 것 같지만) 부귀를 갖게 될 경우 황음(荒
淫)에 빠질 수 있고 빈천해질 경우 나쁜 마음을 품을 수 있고 (당당
한 듯해 보이지만) 위압과 무력 앞에서 굴종할 수도 있으니 늘 변하지
않는 마음을 계속 지켜내지 못할 수도 있기 때문입니다.

그러면 어떻게 해야 '우러나서 한다[安]'고 말할 수 있겠습니까? (그
것은) 물의 차가움이나 불의 뜨거움처럼 스스로 그러해서[自然] 바꿀
수 없어야 하며 음식(을 안 먹었을 때)의 배고픔이나 물(을 안 마셨을
때)의 갈증처럼 반드시 그러해서 내버릴 수 없어야 합니다. 모름지기
그런 연후라야 그것을 일러 '우러나서 한다'고 할 수 있을 것입니다.

3장

천하의 흥망을
가르다

대업을 이룬 자와
패망한 자

천하를 얻게 된 비밀은 굳셈과 눈 밝음에 있다

: 한 유방과 고려 왕건

장면 1

미천한 가문 출신의 유방(劉邦)은 고제 5년(기원전 202년) 5월에 마침내 초나라 항우(項羽)[57]를 깨트리고 천하를 차지했다. 한(漢)나라를 세운 제(帝) 유방은 기쁜 마음으로 낙양의 남궁(南宮)에서 크게 술자리를 베풀고 자신을 따랐던 신하들에게 뜻 깊은 질문을 던진다. 반고(班固)의 『한서(漢書)』가 전하는 그날의 이야기다.

"통후(通侯-제후)와 여러 장수들은 감히 짐(朕)에게 숨기는 것이 있어서는 안 되니 모두 그 속내[情]를 말하도록 하라. 내가 천하를 갖

게 된 까닭은 무엇인가? 항씨(項氏-항우)가 천하를 잃게 된 까닭은
무엇인가?"

고기(高起)와 왕릉(王陵)[58]이 대답했다.

"폐하께서는 (개인 성품이) 오만해 다른 사람을 깔보시는데[嫚而
侮人] 항우는 어질어 다른 사람을 공경했습니다[仁而敬人]. 그러나
폐하께서는 사람들을 시켜 성을 공격하고 땅을 공략해 점령하게 된
곳을 그 사람들에게 나누어줌으로써 천하와 이익을 함께했습니다.
항우는 뛰어난 이를 투기하고 능력이 있는 자를 질시하여[妬賢嫉能]
공로가 있는 자를 해치고 뛰어난 이를 의심하여 싸움에서 이기더라
도 다른 사람의 공로를 인정하지 않았고 다른 사람들이 땅을 획득해
도 그들의 이익을 인정하지 않았으니 이것이 항우가 천하를 잃게 된
까닭입니다."

상(上)이 말했다.

---

57) 항적(項籍)을 말한다. 전국시대 초나라 장수 항연(項燕)의 후예다. 힘이 큰 쇠솥을 번쩍
들 정도였고 재주는 남들보다 앞섰다. 기원전 209년 진승(陳勝)이 반란을 일으켜 진나
라가 혼란에 빠지자, 숙부 항량(項梁)과 함께 오중(吳中)에서 봉기하여 진나라 군대를
도처에서 무찌르고 함곡관을 넘어 관중으로 들어갔다. 유방을 홍문(鴻門)에서 복속시
켰고, 진나라 왕 자영을 죽이고 도성 함양을 불살랐다. 진나라가 망한 뒤 팽성(彭城)에
도읍을 정하고 서초(西楚)의 패왕(覇王)이라 칭하면서 제후왕(諸侯王)을 봉했다. 이어
유방과 천하를 놓고 다투다가 해하(垓下)에서 유방의 군대에 포위되어 사면초가에 몰
리자 오강(烏江)에 이르러 자신의 목을 찔러 자살했다.

58) 유방이 패에서 일어나자 사람 수천 명을 모아 귀의하였고 유방을 따라 각지에서 전투
를 벌였다. 기원전 201년에 안국후(安國侯)에 봉해졌다. 사람됨이 문식(文飾)보다는 직
언을 잘했다. 여후(呂后)가 여러 여씨들을 왕으로 앉히려는 것에 반대하여 간쟁을 하다
가 해직되었다.

"그대들은 하나만 알고 둘은 알지 못한다. 무릇 군막 안에서 계책을 세워 천리 밖에서의 승리를 결정짓는 일에 있어서 나는 자방(子房-장량)만 못하며, 나라를 안정시키고 백성들을 어루만져주며 식량을 공급하고 군량 공급로를 끊어지지 않게 하는 일에 있어서 나는 소하(蕭何)[59]만 못하고, 또 100만 대군을 이끌고서 싸우면 반드시 이기고 공격하면 반드시 적을 패퇴시키는 일에 있어서 나는 한신(韓信)만 못하다. 이 세 사람은 모두 인걸(人傑)로서 나는 그들을 능히 썼으니 이것이 내가 천하를 차지할 수 있었던 까닭이다. 항우는 단지 범증(范增) 한 사람뿐이었는데도 제대로 쓰지를 못했으니 이것이 그가 나에게 붙잡힌 까닭이다."

이에 여러 신하들은 기뻐하며 복종했다.

신하들의 대답과 유방의 반박은 깊이 음미해볼 필요가 있다. 제아무리 제왕학 이론에 능하다 한들 유방처럼 제국을 창건한 이의 실전형 제왕학에 이른다는 것은 사실상 불가능하기 때문이다.

고기와 왕릉의 대답은 줄이자면 이렇다. 개인적인 성품이나 자질

---

59) 유방을 따라 함양에 입성하게 되자 진나라 승상부(丞相府)의 율령과 도서를 수장(收藏)하여 천하의 요충지와 지세, 군현의 호구(戶口)를 소상하게 알게 되었다. 유방이 한중(漢中)에서 왕이 되자 승상에 올랐고 한신을 천거해 대장으로 삼았다. 초나라와 한나라가 서로 대치할 때 관중을 지키면서 양식과 군병의 보급을 확보하여 군수품이 부족하지 않도록 했다. 유방이 황제가 된 뒤 일등 공신이라 하여 찬후(酇侯)로 봉해지고 식읍 7천 호를 하사받았다. 나중에 율령 제도를 정하고, 고조와 함께 진희와 한신, 경포 등을 제거한 뒤 상국(相國)이 되었다. 고조가 죽자 혜제를 섬겼고, 병들어 죽을 때 조참을 재상으로 천거했다.

과 관계없이 공로를 나눠주는 시스템을 잘 만들었기에 천하 제패가 가능했다는 말이다. 이는 현대사회 기업이론에 적용할 경우 오너가 아무리 문제가 있어도 보상 시스템이 잘 갖춰져 있으면 그 회사는 잘 돌아갈 수 있다는 뜻으로 옮길 수 있다. 실제로 이런 주장을 하는 사람들을 우리도 주변에서 종종 보게 된다.

그런데 이에 대한 유방의 답은 단호하다. 우리가 지금도 쓰는 "하나만 알고 둘은 알지 못한다"는 말의 저작권자인 유방은 자신의 승리 요인은 용인(用人)에 있었다고 분명하게 밝힌다. 적재적소에 사람을 썼기 때문에 이길 수 있었다는 것이다. 고기나 왕릉은 결코 따라갈 수 없는 유방의 자가 진단이다.

장면 2

죽음을 앞둔 유방에게 부인 여후(呂后)[60]가 뒷일을 물었다. 우선 그들의 문답을 보자.

"폐하의 100년 후에 소상국(蕭相國-소하)이 이미 죽고 나면 누구

---

60) 고후(高后)로도 불린다. 재략이 있어 고조를 도와서 대업을 이루었고, 한신과 팽월(彭越) 등 성(姓)이 다른 왕들을 살해하는 일을 배후에서 조종했다. 고조가 죽은 뒤 아들 혜제가 즉위하자 유방의 총비(寵妃) 척부인의 수족을 자르고 변소에 가두어놓고 '인체(人彘)'라 부르는 등 만행을 저지르고, 그가 낳은 조왕 여의를 독살했다. 혜제가 죽자 유방의 옛 신하들을 배척하고 동족(同族)들을 제후에 봉해 군사력을 장악하는 등 전횡을 부리다가 집정 8년 만에 죽었다. 그녀가 죽은 뒤에 여씨 일족들은 난을 일으키려 주발과 진평에게 모두 주살되었다.

로 하여금 그를 대신하게 해야 합니까?"

임금에게는 죽음 운운할 수 없어 '100년 후'라고 한 것이다. 지금의 재상 소하를 이을 자가 누구인지를 물었다. 유방은 조참(曹參)[61]이오라고 했다. 이는 누구나 예측가능한 답이다. 그다음은 누구냐고 묻자 이렇게 답했다.

"왕릉이면 할 수 있을 것이오. 다만 그는 조금 고지식하니[少戇= 少愚] 진평(陳平)[62]이 그를 도울 수 있을 것이오. 진평의 지혜는 남들보다 나음이 있지만 혼자서 일을 다 맡기[獨任]는 어렵소. 주발(周勃)[63]은 사람됨이 무겁기는 한데 학식[文]이 조금 부족하지요. 하지만 우리 유씨(劉氏)를 안전하게 해줄 사람은 반드시 주발이니 그는 태위(太衛-군사 업무를 총괄하는 최고위직)로 삼을 만하오."

---

61) 진나라 말 소하와 함께 유방을 따라 병사를 일으켰다. 몸에 70여 군데의 상처가 있으면서도 진나라 군대를 공략하여 한나라의 통일 대업에 이바지한 공으로 건국 후인 기원전 201년에 평양후(平陽侯)에 책봉되었다. 진희와 경포의 반란을 평정했고, 고조가 죽은 뒤 소하의 추천으로 상국이 되어 혜제를 보필했다. 처음에는 소하와 사이가 좋았지만 재상이 된 뒤에 틈이 생겼다. 소하가 만든 정책을 충실히 따라 '소규조수(蕭規曹隨)'라는 말이 나왔다.

62) 젊을 때는 가난했지만 글 읽기에 힘을 썼다. 형과 살았는데, 형은 농사를 지으면서 동생인 그에게는 공부를 하도록 했다. 한번은 형수가 그에게 농사에 전혀 도움이 되지 않으니 쌀겨와 같다고 욕을 했는데, 그 말을 들은 형이 자기 아내를 내쫓았다고 한다. 후에 한고조의 신하로서 그를 도와 여섯 번이나 기묘한 세책[六出奇計]을 내는 공을 세워 곡역후(曲逆侯)에 봉해졌다.

왕릉은 앞에서 나왔던 바로 그 인물이다. 여기서 눈여겨봐야 할 대목은 주발에 관한 것이다. "우리 유씨를 안전하게 해줄 사람은 반드시 주발"이라는 구절이다. 여후가 이 말의 뜻이 무엇인지 알아들었다면 이 대화는 여기서 중단됐어야 한다. 그러나 여후는 지인지감의 측면에서 보면 그런 수준에 한참 미치지 못했다. 유방은 사실상 "우리 유씨를 위험에 빠트릴 사람은 반드시 당신이니 그로부터 유씨를 지켜줄 사람은 주발이오"라고 말한 것이기 때문이다.

유방의 이런 대답은 평소 욕심 많은 부인 여씨의 성품을 염두에 둔 것이기도 하지만 지금의 문답 과정에서도 이미 그런 조짐이 드러나 있다. 즉 조참이라고 했을 때 물음을 그치는 것이 정상이다. 그런데 여씨는 자기 형제들을 염두에 두고서 또 물으니 유방은 '왕릉'이라고 하고서 경고를 했던 것이다.

그런데도 이런 유방의 깊은 생각을 알 길 없는 여후는 또 물었다. 이에 유방은 다음과 같이 답했다.

"그 이후는 진실로 당신이 알 바가 아니오."

이 말은 또 무엇인가? 당나라 때 사람으로 『한서』의 대표적인 주

---

63) 진나라 때 박곡(薄曲-양잠할 때 쓰는 도구)으로 옷감을 짜 생계를 꾸렸고, 통소를 불어 남의 장례를 도왔다. 나중에 유방을 좇아 패(沛)에서 일어나 여러 차례 진나라 군대를 격파했고, 항우를 공격하는 데 따라가 천하를 평정했다. 한나라 초기 한신과 진희, 노관(盧綰)의 반란을 진압했다. 사람됨이 질박하면서도 강직했고, 돈후(敦厚)하여 고조가 큰일을 많이 맡겼다. 여후(呂后)가 죽은 뒤 여씨들이 유씨들을 위협할 때 진평과 함께 여씨들을 주살하고 한나라 왕실을 안정시켰다. 문제를 옹립한 뒤 우승상이 되었는데, 공이 높으면 재앙을 초래한다고 여겨 병을 핑계로 사직했다. 진평이 죽자 다시 재상이 되었지만 곧 그만두었다.

석자인 안사고(顏師古)의 촌평이 무섭다.

"내가 죽고 나면 당신도 얼마 안 가서 죽을 터이니 더 이상은 알 필요가 없다는 말이다."

실제로 얼마 안 가서 여후도 황제의 권력을 휘두르다가 죽었고 여씨 형제와 조카들은 주발이 이끄는 신하들에 의해 모두 주륙됐다. 유방은 앞일을 내다보는 사람이었다.

장면 3

『한서』 '고제본기'에는 이보다 더 섬뜩한 장면이 나온다. 고제 12년 (기원전 195년) 10월의 일이다.

고제 유방은 오(吳)나라 왕 자리가 비었다며 왕실 사람들 중에 누가 적합한지를 추천할 것을 신하들에게 명한다. 이에 신하들은 하나같이 이렇게 말했다.

"패후(沛侯) 비(濞-유비)가 진중하고 후덕하니[重厚] 그를 세워 오왕으로 삼을 것을 청합니다."

이에 유방은 유비를 제배하고서 그를 불러 이렇게 말했다.

"너의 얼굴에는 반란의 관상[反相]이 있다."

이어 그의 등을 쓰다듬으면서[拊=摩循] 말했다.

"한나라는 앞으로 50년 후에 동남쪽에 어지러움[亂]이 있을 터인데 설마 너이겠는가? 하지만 천하는 같은 성의 한 집안[同姓一家]이니 너는 삼가는 마음으로 반란을 일으켜서는 안 될 것이다."

유비는 머리를 조아리며 "결코 감히 그렇게 하지 않겠습니다

[不敢]"라고 말했다. 그가 50년 후, 동남쪽이라 한 것은 점을 친 결과
였다. 물론 10년의 시간 차가 있긴 하지만 정확히 41년 후인 기원전
154년 오초(吳楚) 7국의 난이 일어난다. 이름에서 오나라가 맨 앞에
있는 데서 알 수 있듯 이 반란의 주동자는 오나라 유비였다.

유방의 형 유중(劉仲)의 아들인 유비는 유방과의 약속을 어기고
자신의 봉국(封國)인 오나라에 나아가 봉국에 있으면서 망명객들을
모으고 주전(鑄錢)과 제염(製鹽)을 대대적으로 시행하면서 세금을
내리는 등 위민 정책으로 세력을 불려나갔다. 그리고 경제(景帝) 때
중앙집권 강화 차원에서 봉국을 약화하는 방책을 건의한 조조(晁
錯)[64]의 구상에 따라 봉국을 몰수하려 하자 오왕 유비는 조조를 주
륙한다는 명분으로 초(楚)와 조(趙), 교서(膠西), 교동(膠東) 등 제후
국들과 더불어 반란을 일으켰으니 이것이 이른바 오초 7국의 난이
다. 한나라 조정은 한동안 고전을 면치 못하다가 주아부(周亞夫)를
보내고서야 격퇴시킬 수 있었다. 유비는 결국 동월(東越)로 달아났
다가 그곳에서 살해되었다. 유방의 말을 되새겨본다.

"너의 얼굴에는 반란의 관상[反相]이 있다."

---

64) 흉노에 대한 정책으로 북변 방비를 위한 둔전책(屯田策), 그 재정적 뒷받침으로 곡물 납
입자에게 벼슬을 주는 매작령(賣爵令)을 주장하여 채용되었다. 제후에 대한 정책으로
는 영지의 삭감이 경제에 의하여 채용되었으나 그로 인해 오초 7국의 난이 일어났다.

그들이 패망한 까닭은 : 한신과 남이 장군

우리에게는 과하지욕(胯下之辱), 즉 무뢰배의 사타구니를 기어가는 치욕을 견뎌낸 인물로 잘 알려진 한신(韓信). 그는 초나라 항우 밑에 있다가 인정을 받지 못하자 유방에게 의탁했다. 초한 전쟁이 한창이던 무렵이다. 그런데 유방의 휘하에서도 인정을 받지 못했고 심지어 군법을 어겼다 하여 사형에 처해질 신세에 놓였다. 이때 하후영(夏侯嬰)[65]이 한신의 탄식을 듣고서 살려주었고 심지어 유방의 무한한 신뢰를 받던 승상 소하에게 그를 추천했다. 소하는 한신의 재능을 높이 평가해 유방에게 천거했으나 어떤 이유에서인지 유방은 선뜻 한신을 받아들이지 않았다. 그 후 치속도위(治粟都尉-식량과 말먹이를 관장하는 군관)가 됐는데 역시 도망가버리자 소하가 쫓아가 데리고 와서 그 참에 한왕(漢王-유방)에게 천거하여 말했다.

"반드시 천하의 패권을 쥐고자 하신다면 신(信)이 없이는 함께 일을 꾸밀 자가 없습니다."

사실 유방은 한신이 썩 마음에 들지 않았다. 그러나 소하의 권유가 거듭 이어지자 마침내 재계하고서 단장(壇場)을 설치해 한신을

---

65) 유방의 어린 적 친구로 등공(滕公)으로 일킬어진다. 유방을 따라 초한 전쟁에서 큰 공을 세웠고 뒤에 여음후(汝陰侯)에 봉해졌으며, 혜제와 문제 때에 태부(太傅)를 지냈다.

제배하여 대장군으로 삼고서 계책을 물었다. 이때 한신이 내놓은 계책이다.

"항우는 약속을 어기고 군왕(=유방)을 남쪽에서 왕 노릇을 하게 했으니 이는 유배를 보낸 것[遷]입니다. 장교와 병사들은 모두 산동 사람들로 밤낮없이 (동쪽으로 가려고) 발을 들어 안달하고 있으니 [企] 그들을 예봉으로 삼아 쓰신다면 큰 공을 세울 수 있을 것입니다. 천하가 이미 평정돼 백성들이 모두 스스로 평안해지면 다시 쓸 수가 없습니다. 계책을 결단하시고 동쪽으로 가는 것이 더 나을 것입니다."

항우와 산동 사람들의 심리 상태를 정확히 읽어낸 한신의 계책을 높이 평가한 유방은 드디어 그에게 일을 맡겼다. 그러나 사람 보는 데 탁월한 유방은 동시에 한신의 사람됨도 읽었을 것이다. 한신은 삼가는 마음[敬]이 부족했고 늘 위를 넘보았다[犯上].[66] 유방이 이를 보지 못했을 리가 없다.

유방의 대장군이 된 한신의 활약은 말 그대로 눈부셨다. 2만의 군사로 배수진을 치고 그 10배의 군사를 가진 조(趙)나라를 제압했다. 이어 제(齊)나라를 공격해 함락했다. 여기서 그치지 않고 한신은 제

---

66) 위를 넘보는 문제는 『논어』 학이 편에 나온다. 유자는 말했다. "그 사람됨이 효도하고 공경하면서 윗사람을 범하기를 좋아하는 자는 드물다. (또) 윗사람을 범하기를 좋아하지 않으면서 난을 일으키기를 좋아하는 자는 없다. 군자는 근본에 힘쓰니, 근본이 서야 도(道)가 생겨난다. 효와 제는 인을 행하는 근본이라 할 만하다."

나라 왕이 되고자 했다. 유방과 한신의 동행은 이미 끝나가고 있었다. 여기까지였다. 그러나 아직 항우와의 싸움이 끝나지 않은 유방으로서는 한신의 요구를 받아들이지 않을 수 없었다.

이제 한신에게 남은 길은 자신이 유방을 딛고 올라서거나 아니면 죽음, 이 둘뿐이었다. 한신은 뛰어난 군인이기는 했으나 전략가는 아니었다. 반면에 유방은 뛰어난 군인이면서 전략가였다. 천하는 전략가의 몫이다.

초한 전쟁에서 승리하고 한나라 황제의 자리에 오른 유방은 한신의 병권을 회수한 채 초나라 왕으로 임명했다. 이것으로 이미 한신은 독안에 든 쥐가 되고 말았다. 고제 6년(기원전 201년) 장안으로 압송돼 신분은 회음후(淮陰侯)로 격하됐고 고제 10년(기원전 197년) 진희(陳豨)가 반란을 일으키자 몰래 내통하여 호응하려고 했는데 사인(舍人)이 그가 병사를 일으켜 여후(呂后)와 태자(太子)를 습격하려 한다고 고발해버렸다. 여후와 상국(相國-재상) 소하의 계략에 걸려 장락궁(長樂宮)으로 유인당한 뒤 살해당했다. 이것이 역사가 전하는 한신의 최후다. 물론 이렇게 된 것은 실은 유방의 밀지 혹은 묵인에 따른 것이다. 냉정하게 말하면 한신은 서툴렀다.

『논어』 계씨 편에서 공자는 이렇게 말했다.

"나면서 아는 자는 최고요, 배워서 아는 자는 다음이요, 겪고 나서야 그것을 배우는 자는 그다음이요, 겪고 나서도 배우려 하지 않으면 사람으로서 최하가 된다."(계씨 9)

전통적인 풀이에서는 아는 자를 지식을 아는 자로 보았다. 비문 (非文)이다. 이 풀이의 실마리는 그것[之]에 있다. 그것이란 다름 아 닌 사람이다. 즉 날 때부터 사람을 볼 줄 아는 자, 그 사람이 최고라 는 것이다. 그다음은 사람을 보는 법을 배워서 사람을 볼 줄 아는 자다. 공자가 여기에 해당한다. 나머지 둘은 말할 필요도 없다.

게다가 유방은 사람을 쓸 줄 알았다. 지인(知人)에 그치지 않고 용 인(用人)에도 능했던 것이다. 『한서』를 쓴 반고는 유방을 이렇게 요 약했다.

애초에 고조는 문학(文學-유학의 기본적인 가르침을 가리킨다)을 닦 지 못했지만 품성[性]이 밝고 매사에 통달했으며[明達] 계책을 좋아 하고[好謀] 능히 다른 사람들의 말을 들을 줄 알아[能聽=聰] 문지기 [監門]나 수자리 병사[戍卒]라도 옛 친구를 대하듯이 했다.

돌이켜보면 유방은 소하가 한신을 추천할 때부터 자신에게 충성 을 다하지 않을 사람이라는 것을 알았을 것이다. 그래서 여러 해 동 안 가까이하지 않았던 것이다. 그러나 항우와의 싸움이 극에 이르 자 삼군(三軍)을 통솔하는 지휘권을 가진 대장군의 자리를 그에게 내주었다. 어쩌면 그때부터 유방은 이미 토사구팽(兎死狗烹)하려는 구상을 갖고 있었는지 모른다. 한신이 그것을 몰랐을 뿐이다.

무대를 조선으로 옮긴다. 1468년(예종 즉위년) 10월 24일 자정 무

렵 한양 수강궁 후원 별전에서는 친국이 한창이었다. 별전 뜨락에는
남이(南怡)[67] 장군이 형틀에 묶인 채 친국을 당하고 있었다.

　　백두산 돌은 칼을 갈아 다 없애고

　　두만강 물은 말을 먹여 없어졌네

　　사나이 스무 살에 나라 평정 못한다면

　　뒷세상에 그 누가 대장부라 이르리오

　세종 때 길주의 호족 이시애(李施愛)[68]가 난을 일으키자 토벌 작
전을 이끌어 큰 공을 세웠고 이어 여진족 정벌에서 족장 이만주를
참살해 28세의 나이로 공조판서에 올랐던 남이다. 세조는 남이를
누구보다 아껴 세상을 떠나기 직전 그를 병조판서로 임명했다. 이 또
한 그 자체만으로 남이를 죽음의 구렁텅이로 몰아넣은 것이나 마찬
가지다.

　결국 유자광(柳子光)이 모함을 하고 한명회(韓明澮)를 비롯한 훈

----

67) 조선의 개국공신인 남재(南在)의 5대손이다. 아버지 남빈(南份)은 태종의 딸 정선공주
　　(貞善公主)와 의산군(宜山君) 남휘(南暉)의 아들이다. 13세 되던 해에 아버지를 잃고 홀
　　어머니의 보살핌을 받으며 자랐다. 계유정난으로 왕위에 오른 세조는 남이와 구성군(龜
　　城君) 이준(李浚) 등 젊은 종친들을 중용하여 원로대신들을 견제하려 했다. 1467년(세
　　조 13년) 이시애의 난이 일어나자 이준이 도총사가 되어 이끈 토벌군에 군관으로 참여했
　　다. 1468년(세조 14년) 7월 세조가 20대의 이준을 영의정으로 임명하면서 남이는 공조판
　　서와 오위도총부 도총관을 겸했으며 8월에는 병조판서에 임명되었지만 한계희(韓繼禧)
　　등 대신들의 반대로 9월에 병조판서의 자리에서 물러나 다시 겸사복장이 되었다. 그러나
　　10월에 병조 참지 유지광의 고변으로 역모 혐의를 받았고, 그해 음력 10월에 강순, 변영
　　수(卜永壽), 변자의(卜自義), 문효량(文孝良) 등과 함께 저자에서 거열형으로 처형되었다.

구공신 그룹이 예종의 뜻을 받들어 남이는 억울하게도 역모의 혐의를 덮어쓰고 형장의 이슬로 사라진다. 죄가 있다면 한신과 마찬가지로 큰 공을 세운 것이 죄였다. 군공(軍功)을 세운 자는 그래서 서둘러 관직을 떠나야만 목숨을 보전하던 것이 옛날에는 지혜이자 이치였다.

남이는 이런 지혜가 없었고 이런 이치를 몰랐다. 젊어서였을까? 해답은 그가 남긴 시에 고스란히 담겨 있다. 좋게 보면 호연지기(浩然之氣)가 담겨 있다 하겠지만 냉정하게 말하면 우활(迂闊)하다는 평을 면치 못한다. 우(迂)는 마음이 비뚤, 세상 물정에 어둡다는 뜻이고 활(闊)은 듬성듬성, 대충대충이라는 뜻이다. 우리에게는 『지봉유설(芝峯類說)』의 저자로 알려져 있는 조선 중기 때의 학자 이수광(李睟光)은 남이의 시에 대해 이런 촌평을 남겼다.

"그 말뜻이 힘을 믿고 함부로 날뛰어 평온한 기상이 없으니 화를 면하기 어려웠다."

---

68) 지방의 호족으로 조선 초 북방민 회유정책으로 중용되어 호군(護軍), 경흥진(慶興鎭) 병마절제사, 첨지중추부사, 판회령(判會寧) 부사를 역임하였다. 그러나 왕권을 확립한 세조가 차차 북방민 등용을 억제하고 중앙집권 체제를 강화하자 자신의 지위에 불안을 느끼고 반란을 꾀하였다. 조정에서는 3만의 관군을 출동시켜 투항을 종용하였으나 그는 반란이 아님을 상계하고 항복에 불응하며 북도민의 중용을 거듭 요구하였다. 관군의 공격을 받아 북청에서 두 차례 격전을 벌였으나 대패하였다. 왕의 유서(諭書)로 반란임을 알게 된 백성들이 협력하지 않고 조정에서 논상절목(論賞節目)이 반포되자 부하 장수들의 동요가 심했는데, 조정에서 밀파된 허유례(許惟禮)의 계교로 부하인 이주(李珠), 이운로(李雲露)에 의하여 체포되었고 참형(斬刑)에 처해져 각 도에 효시되었다.

136

'욕(欲)'만 추구하면 망한다 : 항우와 궁예

사마천의 『사기』 '항우본기'에 젊은 시절 항우의 모습이 나온다.

항우는 어렸을 때 글을 배웠으나 다 마치지 못한 채로 포기하고는 검술을 배웠는데 이 또한 다 마치지 못했다. (숙부인) 항량(項梁)[69]이 화를 내니 항우가 말했다. "글은 이름 석 자 쓰는 것으로 족할 뿐이며 검은 한 사람만을 대적할 뿐이므로 배울 만하지 못하니 만인을 대적하는 일을 배우겠습니다." 이에 항량은 병법을 가르치니 항우는 크게 기뻐하였으되 대략 그 뜻만을 알고는 또한 끝까지 배우고자 하지 않았다.

항우는 대대로 제후의 집안이었으므로 배경이 좋았다. 그리고 여기서 보듯 재주가 뛰어났다. 재승박덕(才勝薄德)의 전형이었다. 그리고 우리가 아는 대로 힘이 장사였다.

항우는 키가 8척이 넘고 힘은 커다란 쇠솥을 들어 올릴 정도였으며

---

69) 전국시대 말 초나라의 장수인 항연(項燕)의 아들이고, 항우의 숙부다. 진승과 오광이 농민 봉기를 일으켰을 때 조카 항우와 함께 회계군수(會稽郡守) 은통(殷通)을 죽이고 거병했다. 군사는 8천 명이었다. 군사를 이끌고 장강(長江)을 건너 서진하여 진영(陳嬰)과 경포(黥布), 포장군(蒲將軍) 등을 수하에 넣었다. 진승이 죽자 초(楚) 회왕(懷王)의 손자 심(心)을 왕으로 세우고 자신은 무신군(武信君)이 되었다. 후에 적을 가볍게 보고 싸우다가 정도(定陶)에서 진나라 장수 장한(章邯)의 습격을 받아 죽었다.

재기가 범상치 않아 그 일대의 자제들이 모두 항우를 두려워했다.

진시황이 죽고 2세 황제가 자리를 이었지만 각박한 통치로 인해 곳곳에서 민란이 일어났고 항우는 불과 3년 만에 다섯 제후를 거느리는 최대 세력으로 떠올랐다. 그러나 여기까지였다. 사마천의 지적을 보자.

항우는 스스로 공로를 자랑하고 자신의 사사로운 지혜만을 앞세워 옛것을 스승 삼지 아니하며 패왕의 공업이라고 하고는 무력으로 천하를 정복하고 다스리려고 하다가 5년 만에 마침내 나라를 망치고 몸은 동성(東城)에서 죽으면서도 아직 깨닫지 못하고 스스로 책망하지 않았으니 이는 잘못된 것이다.

결국 항우는 한때 자신이 데리고 있던 유방이 새로운 나라를 세울 수 있는 길을 열어주는 것으로 자신의 역사적 역할을 다해야 했다. 강(剛)의 인물이 아니라 욕(欲)의 인물이었던 것이다.

이 점에서는 궁예도 크게 다르지 않다. 901년 고려를 세운 인물은 왕건(王建)이 아니라 궁예다. 그러나 918년 자신이 키우다시피 한 부하 왕건에 의해 내쫓긴다. 세달사의 승려였던 그가 단번에 세력을 키울 수 있었던 원동력을 『삼국사기(三國史記)』 '궁예전'은 이렇게 묘사하고 있다.

(궁예가) 거느린 무리가 3,500명이었는데 사졸과 더불어 즐거움과

괴로움, 수고로움과 편안함을 함께하였고 상벌에 있었어도 공정하게 하고 사사롭게 하지 않았다. 이로써 뭇사람들이 마음으로 두려워하고 사랑하여 추대하여 장군으로 삼았다.

이처럼 한때 백성을 제 몸과 같이 여기던[親民] 지도자였던 그가 어떻게 해서 폭군으로 내몰렸을까? 이때까지만 해도 도리의 마음[道心]을 잘 붙잡았지만 순(舜)임금의 말대로 사람의 마음[人心]은 위태위태하다(167쪽 참조). 『고려사(高麗史)』 태조 즉위 전에 나오는 그의 모습이다.

그때에 궁예가 거짓으로 반역죄를 꾸며 하루에도 100여 명을 죽이니 장군이나 대신으로서 해를 당한 자가 십중팔구였다. 항상 스스로 말하기를 "나는 미륵관심법을 터득해 부인들의 비밀을 알 수 있다. 만약 나의 관심을 범하는 자가 있으면 곧 엄한 법을 시행할 것이다"라고 했다.

궁예는 자신의 최측근인 왕건 또한 의심하여 죽이려 했다. 임금의 마음에 의심이 크게 작동한다는 것은 굳셈과 눈 밝음[剛明]이 모두 사라졌다는 뜻이다. 심지어 부인 강씨도 의심하여 쇠절구공이를 달궈 그녀의 음부를 찔러 죽게 했고 두 아들까지 죽였다. 이러고서 왕위를 지킬 수 있는 사람은 없다. 결국 왕위에서 내쫓긴 궁예는 산속으로 숨어들어 갔다가 백성들에 의해 피살됐다. 항우를 닮은 최후였다.

반면에 앞서 말한 대로 귀족 출신의 항우와 달리 유방은 출신 자체가 한미했다. 제갈량(諸葛亮)[70]은 「재출사표(再出師表)」에서 이렇게 말한다.

"고제(高帝)께서는 그 눈 밝기가 해와 달을 아우를 정도셨고 계책을 내는 신하[謀臣]는 (그 지혜가) 연못처럼 깊었습니다."

『한서』의 기본 골격을 완성했다는 평가를 듣는 반고의 아버지 반표(班彪)는 '서전(叙傳)'에서 유방이 통일과 건국을 동시에 할 수 있었던 이유에 대해 이렇게 정리했다. 가장 전형적인 평가라는 점에서 주목해야 한다.

대개 고조(高祖)의 경우 그렇게 일어나게 된 데는 다섯 가지 까닭이 있습니다. 첫째는 요임금의 후예이기 때문이고 둘째는 몸과 얼굴에 기이함이 많았기 때문이고 셋째는 신령스러운 무예가 전장에서

---

70) 제갈공명(諸葛孔明)이라고도 한다. 후한 말에 융중(隆中)에서 직접 농사짓고 책을 읽으면서 스스로 관중(管仲)과 악의(樂毅)에 비견했는데, 와룡(臥龍)이라는 소리를 들었다. 207년에 유비가 삼고초려하자 세력이 약했던 유비를 도와 모사(謀士)가 되어 위나라, 오나라와 더불어 천하를 삼분한 뒤 통일을 꾀했다. 다음 해 조조가 남쪽에서 형주를 다투자 오나라에 사신으로 가 손권과 함께 조조에 대항할 것을 결의하고 적벽대전을 승리로 이끌어 유비가 형주를 차지하게 했다. 유비가 칭제(稱帝)하자 승상에 임명되어 상서의 일을 수행했다. 223년에 유비의 유조(遺詔)를 받들어 유선(劉禪)을 보좌했다. 동쪽으로 손권과 화해하고 남쪽으로 여러 고을을 평정하면서 북쪽으로 중원(中原)을 다투어 여러 차례 위나라를 공격했다. 위나라 장군 사마의와 위남(渭南)에서 대치하다 오장원(五丈原) 전투에서 병으로 죽었다.

입증됐기 때문이고 넷째는 너그럽고 눈 밝으며[寬明] 어질고 용서할
줄 알았기 때문이고 다섯째는 사람을 잘 볼 줄 알아서[知人] 믿고 일
을 맡겼기 때문입니다. 이에 더해 믿음과 열렬함으로 좋은 계획을 세
웠고, 남들의 말을 들어 받아들이기를 잘했으며, 좋은 것을 보면 마
치 자신이 그 수준에 도달하지 못하면 어떻게 하나라는 간절함으로
했고, 사람을 쓰는 것을 마치 자신의 몸을 쓰듯이 했으며, 간언하는
말을 따르는 것이 마치 물이 흘러가듯 했고, 때에 딱 맞추기를 마치
서둘러 달려가는 듯했습니다. 또 먹던 음식을 뱉어가면서 자방(子房-
장량)의 계책을 받아들였고, 발을 들어 올리고 세수를 중단하면서까
지 역이기(酈食其)의 말에 읍(揖)했으며, 수졸(戍卒) 출신 누경(婁敬)
의 말에 깨닫는 바가 있어 낙양에 도읍을 정하겠다는 생각을 접었
고, 상산사호(商山四皓)[71]의 명성을 높이고 태자로 삼았던 유여의에
대한 총애를 거두었습니다. 군진(軍陣)에서 (낮은 직책에 있던) 한신을
발탁했고, 망명해온 진평을 거둬들여 영웅들이 힘을 펼치게 했으며
여러 책략들이 남김없이 펼쳐지게 했습니다. 이것들이 바로 한고조의
큰 경륜이었으며 황제의 대업을 이룩한 까닭입니다.

제갈량과 반표 모두 눈 밝음을 강조하고 있고 반표는 덧붙여 사
람 보는 눈[知人]이 뛰어났음을 지적한다. 실은 사람 보는 눈 또한 명

71) 상산에 살았던 네 명의 명사(名士)인 동원공(東園公), 하황공(夏黃公), 녹리선생(甪里先
生), 기리계(綺里季)를 가리킨다. 이들 모두 머리카락이 하얘서 사호(四皓)라고 불렸다.

(明)에 포함된다.

왕건은 순임금이나 한고조 유방의 사례를 잘 알고 있었다. 이 점은 '훈요십조'의 서문격인 신서(信書)에 잘 드러나 있다.

내 들건대 순임금은 역산(歷山)에서 밭을 갈다가 요임금의 양위를 받았고 한고조는 패택(沛澤)에서 일어나 드디어 한의 왕업을 이룩했다. 나도 평범한 집안에서 일어나 잘못 추대돼 더위와 추위를 무릅쓰고 마음과 몸을 몹시 고달파해가면서 19년 만에 삼한을 통일하고 외람되게 왕위에 있은 지가 25년이나 되었고 몸은 이미 늙었다. 행여나 후손들이 방탕하여 기강을 어지럽게 할까 크게 두렵다. 이에 훈요를 지어 후손들에게 전하노니 아침저녁으로 펼쳐 보거나 영구히 모범으로 삼기를 바란다.

순임금이 우왕에게 전한 말이나 훈요십조는 모두 산전수전 다 겪은 현실 권력자가 제왕학의 정수를 전해주려 했다는 점에서 공통점을 갖는 것이다. 당연히 훈요십조에도 굳셈[剛]과 눈 밝음[明]과 관련된 규정이 들어 있다. 먼저 '훈요십조 7'은 명(明)이다.

임금이 인민의 신망을 얻는 것이 가장 어려운 일이다. 그 신망을 얻으려면 무엇보다 간언하는 말을 따르고 참소하는 자를 멀리하여야 한다. 간언하는 말을 따르면 현명해지고 참소하는 말은 꿀처럼 달지만 그것을 믿지 않으면 참소가 자연 없어질 것이다.

'훈요십조 10'은 한결 같음, 즉 강(剛)이다.

나라를 가진 자나 집을 가진 자는 항상 만일을 경계하며 경전과 역사책을 널리 읽어 옛일을 지금의 교훈으로 삼아야 한다. 주공은 큰 성인으로서 게으름이 없도록 해야 한다는 뜻의 '무일(無逸)' 한 편을 (조카인) 성왕에게 올려 그를 경계토록 했다.

강명(剛明)은 시대를 뛰어넘어 최고 지도자의 필수 덕목일 수밖에 없다. 그리고 제왕학 혹은 리더십 교범으로서 『논어』를 읽어내고 그 것을 단 두 글자로 요약한다면 그것은 다름 아닌 강명, 즉 굳셈과 눈 밝음이다.

제왕학의 교범 『논어』로 읽는 유방의 대업, 항우의 패망

육가(陸賈)는 한나라 초기의 변론가이자 외교가로 초나라 사람이었는데 뒤에 유방을 도와 한나라를 세우는 데 크게 기여했다. 한나라 고조(高祖-유방)가 천하를 평정했을 초기에 태중대부(太中 大夫-궁중 고문관)로 있던 육가가 새 나라의 황제에게 『시경』과 『서 경』을 강술하려 하자 한고조는 "내가 말 위에서 천하를 얻었지 어찌 『시경』과 『서경』이 도움을 주었겠는가"라고 말했다. 이에 육가가 말 했다.

"말 위에서 천하를 얻었다고 해서 말 위에서 다스릴 수 있겠습니까? 문무(文武)를 함께 쓰는 것이야말로 장구한 계책입니다. 만일 진나라 시황제가 천하를 얻고 나서 어짊과 의로움[仁義]을 닦으며 옛 성인(聖人)이나 성군(聖君)들을 본받았다면 (진나라는 망하지 않았을 터이니) 폐하께서는 어찌 천하를 얻어 가질 수 있었겠습니까?"

이에 고조는 부끄러워하며 육가에게 말했다.

"그대는 나를 위해 진나라가 천하를 잃게 된 까닭, 내가 그로부터 얻어야 할 교훈, 그리고 옛날 왕조들의 성공과 실패 등에 관해 책을 짓도록 하라."

육가는 곧바로 나라 존망의 근본 이치에 관한 저술에 착수해 모두 12편을 썼다. 매번 한 편씩 올릴 때마다 고제는 "처음 듣는 말[新語]"이라며 칭찬을 아끼지 않았고 그 책의 이름도 『신어(新語)』라고 지어주었다. 국내에도 번역돼 있는 이 책은 도기(道基), 술사(術事), 보정(補政), 무위(無爲), 변혹(辨惑), 신미(愼微), 자질(資質), 지덕(至德), 회려(懷慮), 본행(本行), 명성(明誠), 사무(思務) 12편으로 이뤄져 있다.

그런데 훗날 송나라 유학자 호굉(胡宏)[72]은 한 걸음 더 나아가 육가가 이렇게 말했어야 한다며 육가의 입장에서 가상의 글을 지었다.

폐하께서 천하를 얻은 것은 말 위에서의 무력 때문만은 아닙니다. 폐하께서는 타고난 성품이 관대하고 의젓하시기 때문에 회왕(懷王)[73]이 내린 입관(入關)[74]의 명을 받으셔서 천하를 위해 남은 도적 무리들을 제거하셨습니다. 지난날에 노략질하는 자들을 물리치셨고 진(秦)나라에서 투항한 왕자 영(嬰)을 용서해주셨으며 재물을 빼앗지 않았고 부녀자들에게 빠지지 않았으며 법삼장(法三章)[75]을 제정하셨습니다. 이에 (진나라의) 부로(父老)들은 폐하만을 두려워하고 더 이상 진나라를 섬기지 않으니 불과 삼대(三代) 만에 천하의 어짊을 얻었습니다. 반면 초나라 항왕(項王-항우)은 회왕과의 약속을 어기고 폐하를 촉한(蜀漢) 땅으로 내쫓았지만 폐하께서는 인내를 갖고서 봉국으로 나아가서서 소하를 등용해 재상으로 삼아 현명한 인재들이 모여들게 함으로써 백성들을 잘 다스렸고 파촉(巴蜀) 땅의 임금으로 봉해지자 이를 받아들여 삼진(三秦-장안)으로 돌아와 근거지를 삼으셨습니다. (그리고 얼마 후) 항우가 참람되게도 의제(義帝)를 살해하자 폐하께서는 군대를 일으켜 흰색 비단에 새겨 제후들에게 고하고서

---

72) 중국 남송 사람으로 호안국(胡安國)의 아들이다. 남송 호상학파(湖湘學派)의 개창자로 어린 시절 양시(楊時)와 후중량(侯仲良)에게 배웠다. 아버지의 이학사상(理學思想)을 계승하여 도학 진흥을 평생의 임무로 여겼다. 이(理)를 우주의 본체로 본 정주학파와 심(心)을 우주의 본체로 본 육구연파(陸九淵派)와는 달리 성(性)을 우주의 본체로 보았다. 형산(衡山) 아래에서 20여 년을 지냈는데, 장식(張栻)이 사사했다.

73) 초나라가 세운 허수아비 황제 의제(義帝)를 가리킨다.

74) 관중(關中)으로 들어가는 것을 뜻한다.

75) "사람을 살해한 자는 사형에 처하고, 사람을 상해하거나 남의 물건을 훔친 자는 죗값을 받는다"는 내용으로 그 밖의 진나라의 무자비한 법은 모두 없앴다.

그를 정벌하셨습니다.

(폐하께서는) 불과 삼대 만에 천하의 의리를 취하셨고 매사를 악착같이 자신이 직접 다 하려 하지 않았고 큰 윤곽만 잡아주면서 영웅의 마음가짐으로 장량(張良)[76]을 스승 삼고 진평에게 중임을 맡기고 한신을 장수로 삼아 거의 요임금, 순임금, 우왕, 탕왕(湯王),[77] 문왕, 무왕에 버금가는 사람 알아보는 밝은 지혜[知人之明]로 백성들을 진무하고 군사를 지휘했으며 전쟁터에서 불행하게 죽은 사람들의 옷을 새로 갈아입힌 다음 관에 넣어 그 집으로 다시 보내주셨습니다.

또 거의 요임금, 순임금, 우왕, 탕왕, 문왕, 무왕과 마찬가지로 홀아비나 과부가 된 사람에 대해 마음 아파하고 고아나 혼자 된 늙은이를 구휼해주는 정사(政事)를 펼쳤으니 이 같은 지략과 다스림[數]이 있었기 때문에 폐하께서는 천하를 얻을 수 있었던 것입니다.

한마디로 단순히 무력에서만 항우를 이긴 것이 아니라 장차 임금이 될 수 있는 임금다움[德]이라는 면에서 이미 항우를 압도하고 있었다는 말이다. 그렇다면 반대로 이제 항우는 어떤 면에서 유방에게 패할 수밖에 없었는지를 깊이 있게 살펴봐야 한다. 이 점에서 제왕

---

76) 소하와 함께 책략에 뛰어나 한나라 창업에 힘썼다. 장자방으로 더 알려져 있다.

77) 성탕(成湯)이라고도 한다. 하나라 걸왕이 학정(虐政)을 하자 제후들 대부분이 다움을 갖춘 성탕에게 복종하게 되었다. 탕왕은 이윤 등의 도움을 받아 걸왕을 유융(有娀)과 명조(鳴條)에서 패사(敗死)시켰다. 그리고 박(亳)에 도읍을 정하고 국호를 상(商)이라 하였으며 제도와 전례(典禮)를 정비했다.

학의 교과서인 『논어』는 생생한 나침반을 제공한다. 반고의 『한서』 '항적전(項籍傳)'이다. 항우로 더 알려져 있는데 우(羽)는 항적의 자 (字)다. 앞서 본 바 있는 구절이기도 하다.

적(籍)은 어릴 적에 글을 배웠으나 다 이루지 못한 채 중도에 접었 고 검술을 배웠으나 역시 다 이루지 못한 채 중도에 접었다. (작은 아 버지) 항량이 그에게 화를 내니 적이 말했다. "글은 성과 이름만 적을 줄 알면 충분합니다. 검술은 한 사람만 상대하는 것이라 배울 필요가 없으니 만인을 상대하는 법을 배우고자 할 뿐입니다." 이에 량은 그 의 뜻이 기이하다[奇]고 여겨 마침내 그에게 병법을 가르쳤다. 적은 크게 기뻐했으나 그 (병법의) 취지만 대략 알고서는 이 역시 끝까지 배우지는 않았다.

항우의 이 같은 모습은 공자의 제자들 중에서 용맹하다는 평을 들었으나 동시에 공자로부터 배우기를 싫어한다는 비판을 자주 들 었던 자로의 모습과 거의 똑같다. 『논어』 양화 편에서 공자는 자로에 게 여섯 가지 좋은 말과 그에 따른 여섯 가지 폐단을 들어보았느냐 고 묻고서 이렇게 말했다.

"어짊[仁]을 좋아하기만 하고 (그에 필요한) 배움은 좋아하지 않는 다면 그 폐단은 어리석게 된다[愚]는 것이다. 사람을 평하고 논하기 [知=知人]를 좋아하기만 하고 배움은 좋아하지 않는다면 그 폐단은 쓸데없는 데 시간과 노력을 탕진하는 것[蕩]이 된다. 신의[信]를 좋아하기만 하고 배움을 좋아하지 않는다면 그 폐단은 남을 해친다[賊]는 것이다. 곧은 것[直]을 좋아하고 배우기를 좋아하지 않으면 그 폐단은 너무 강퍅해진다[絞]는 것이다. 용맹[勇]을 좋아하기만 하고 배우기를 좋아하지 않으면 그 폐단은 어지러워진다[亂]는 것이다. 군센 것[剛]을 좋아하기만 하고 배우기를 좋아하지 않으면 그 폐단은 뭐든 제 마음대로 하게 된다[狂]는 것이다."(양화 8)

好仁不好學其蔽也愚 好知不好學其蔽也蕩 好信不好學其蔽也賊 好直不好學其蔽也絞 好勇不好學其蔽也亂 好剛不好學其蔽也狂

실은 그에 앞서 태백 편에서 공자는 거의 비슷한 말을 좀 간단하게 말한 바 있다. 그때는 구체적으로 자로를 지목하지는 않았지만 이 글과 비교해보면 그 대상은 십중팔구 자로였을 것이다.

"공손하되 예가 없으면 수고롭고 삼가되 예가 없으면 두렵고 용맹하되 예가 없으면 위아래 없이 문란해질 수 있고 곧되 예가 없으면 강퍅해진다."(태백 2)

恭而無禮則勞 愼而無禮則葸 勇而無禮則亂 直而無禮則絞

그러나 항량의 수하에서 군사의 일을 익힌 항우는 얼마 안 가서 특출난 용맹과 무략으로 진나라 군사를 겪으면서 일순간에 초나라를 제후들의 패자(覇者) 자리에 올린다. 절정에 이른 초나라 군대의 모습을 '항적전'은 이렇게 그리고 있다.

> 초나라 군대는 제후들 중에 으뜸이었다. 초나라 병사들은 한 명이 열 명을 대적하지 못하는 자가 없었고 함성 소리는 하늘과 땅을 움직일 정도였다. 제후들의 군대는 사람마다 두려움에 떨었다. 이에 초가 진나라 군대를 이미 깨트리고 나자 우는 제후군의 장수들을 불러 원문(轅門)[78]으로 들어오게 했는데 무릎걸음으로 나아오면서 감히 고개를 들어 쳐다보지도 못했다. 우는 이로 말미암아 처음으로 제후군의 상장군이 되니 병사들은 모두 그에게 속하게 됐다.

마침내 진나라 도성 함양(咸陽)을 도륙하고 항복한 진나라의 왕자 영(嬰)을 죽였으며 그 궁실들을 불태웠는데 불은 3개월 동안 꺼지지 않았다고 한다. 또 보물과 재화들을 거둬들였고 부녀자들을 약취한 다음 동쪽으로 돌아갔다. 그리고 항우는 자신을 따랐던 장수들을 각지의 왕으로 봉해주었다. 그런데 함곡관(函谷關)[79]에 가장 먼저 들어간 자를 그곳의 왕으로 삼겠다고 했던 약속을 없었던 것으로 하고 항우는 유방을 한왕(漢王)에 봉하여 파(巴)와 촉(蜀) 그리

---

78) 군대가 행군할 때에는 수레로 군진을 만들었는데 수레의 끌채[轅]를 서로 향하게 하여 문처럼 만들었기 때문에 원문(轅門)이라 했다.

79) 중국 하남성 북서부에 있는 관문으로 동쪽의 중원으로부터 서쪽의 관중(關中)으로 통한다.

고 한중(漢中)의 왕으로 삼았다. 한마디로 유방을 의심하여 먼 외곽 지역의 왕으로 내쫓은 것이다. 물론 그의 의심은 정확한 것이었으나 그 후 항우의 조치는 적절치 못했다. 한왕(漢王-유방)은 다섯 제후의 병력을 비롯해 모두 56만 명을 겁박해 동쪽으로 초나라 정벌에 나섰다. 우리가 흔히 말하는 초한 전쟁의 시작이었다. 5년여에 걸친 양쪽의 공방전은 결국 기원전 202년 해하(垓下) 전투에서 유방의 승리로 끝나게 된다. 사서(史書)가 전하는 그날의 장면이다.

항우는 해하에서 방벽을 구축했으나 군사는 적고 식량은 다 떨어졌다. 한나라는 제후의 군사들을 이끌고 항우를 여러 겹으로 둘러쌌다. 항우는 밤에 한군이 사방에서 모두 초나라의 노래를 부르는 것[四面楚歌]을 듣고서 마침내 놀라서 말했다.
사면초가

"한군이 이미 초나라 땅을 모두 차지했다는 것인가? 어찌 이리도 초나라 사람들이 많다는 말인가!"

한밤중에 일어나 장막 안에서 술을 마셨다. 우(虞)라는 성씨의 미인이 있어 늘 총애를 받으며 따라다녔고 또 추(騅)라는 이름의 준마가 있어 늘 그것을 타고 다녔다. 마침내 항우는 강개한 심정으로 비통함을 노래하며 스스로 시를 지어 읊었다.

"힘은 산을 뽑고 기개는 온 세상을 덮을 만한데[力拔山兮 氣蓋世]
역발산 혜 기개세
때가 불리하니 추(騅)가 나아가지 않는구나!
추가 나아가지 않으니 어찌해야 할까?
우(虞)야! 우야! 너는 어떻게 하느냐?"

노래를 여러 차례 부르니 미인이 창화(唱和)했다. 항우가 몇 줄기 눈물을 흘리자 좌우에 있던 자들도 모두 눈물을 흘렸고 아무도 우러러 쳐다볼 수가 없었다. 그 후 항우는 100여 명의 기병을 이끌고 달아났는데 동성(東城)이라는 곳에 이르렀을 때 그를 따르고 있었던 이는 28명뿐이었다. 그들을 향해 항우는 이렇게 말했다.

"내가 군사를 일으켜 지금까지 8년이 됐다. 몸소 70여 차례 전투를 벌여 마주친 적들을 깨트렸고 공격한 적들은 굴복시켜 일찍이 패배한 적이 없어 마침내 천하를 제패하여 차지했다. 그러나 지금은 결국 이런 지경에 빠졌으니 이는 하늘이 나를 망하게 한 것이지 싸움을 잘못한 죄가 아니다. 오늘 진정 결사적으로 통쾌하게 싸워서 반드시 세 번 승리하고 적장을 참살해 적의 깃발을 꺾어 마침내 내가 죽은 후에라도 제군(諸君)들에게 내가 싸움을 잘 못한 죄가 아니라 하늘이 나를 망하게 한 것임을 알게 하고 싶노라."

어쩌면 항우는 끝까지 자신이 최후의 승자가 되지 못한 이유를 알지 못했는지 모른다. 그러나 『논어』 위령공(衛靈公) 편에서 공자는 이렇게 말한다.

"군자는 (잘못을) 자기 자신에게서 찾고 소인은 남에게서 찾는다."
(위령공 20)

君子求諸己 小人求諸人
군 자 구 저 기 소 인 구 저 인

항우가 유방에게 패한 요인이야 수없이 많겠지만 항우를 섬기다가 뒤에 유방 쪽으로 돌아선 한신이 유방을 처음 찾아갔을 때 했던 이 말만큼 항우의 문제를 잘 보여주는 지인지감은 없을 것이다.

"신은 일찍이 항왕(항우)을 섬긴 적이 있으니 항왕의 사람됨[偉人]
위인
에 대해 말씀드리고자 합니다. 항왕이 작심하고 소리를 내지르면 1천 명이 모두 꼼짝 못합니다. 그러나 뛰어난 장수에게 능히 일을 믿고 맡 기지 못하니 이는 다만 필부의 용맹[匹夫之勇]일 뿐입니다. 항왕은 사
필부지용
람을 만나볼 때 공손하고 조심하며 말투도 아주 친근하여 누가 병에 걸리기라도 하면 눈물을 흘리면서 음식을 나눠줍니다. 그러나 자기 가 부리는 사람이 공로가 있어 봉작을 내려야 할 때가 되면 인장이 닳아서 깨질 때까지 만지작거리며 차마 내주지를 못하니 이것이 이 른바 아녀자의 어짊[婦人之仁]입니다."
부인지인

유가(儒家)의 책을 다 태워버린 진시황의 분서갱유(焚書坑儒) 때 문인지 항우 자신의 게으름 탓인지는 모르겠지만 항우는 진정한 용기 나 용맹, 진정한 어짊에 관한 공자의 통찰을 몰랐던 것이 분명하다. 한 신이 정확하게 필부지용(匹夫之勇)과 부인지인(婦人之仁)을 말한 것 도 그 점을 지적하고 있다. 왜냐하면 공자는 이 두 가지 문제에 대해 『논어』에서 여러 차례 지적하고 있기 때문이다. 먼저 공야장 편이다.

공자는 말했다. "세상에 도가 행해지지 않는다. 뗏목을 타고 바다

를 건너갈까 하는데 나를 따를 사람은 아마도 저 자로뿐일 것이다."

자로는 이를 전해 듣고 무척 기뻐하였다. 이에 공자는 말했다. "자로는 용맹을 좋아하는 것이 나보다 나아, 사리를 헤아려 분별하려 하지도 않고 나를 따르려 한다."(공야장 6)

子曰 道不行 乘桴浮于海 從我者其由與 子路聞之喜 子曰 由也
자왈 도 불행 승부부우해 종아자 기유어 자로 문지희 자왈 유야
好勇過我 無所取材(裁)
호용 과아 무 소취재 재

술이 편에서는 한 걸음 더 나아가 진정한 용기나 용맹이 뭔지까지 보여준다.

자로가 자신의 용맹을 자랑하기 위해 이렇게 물었다.

"만일 스승님께서 삼군을 통솔하신다면 누구와 함께하시겠습니까?"

공자의 대답이다.

"맨손으로 호랑이를 때려잡고 맨몸으로 강을 건너려 하여 죽어도 후회할 줄 모르는 사람과 나는 함께할 수 없을 것이니, 반드시 일에 임하여서는 두려워하고 치밀한 전략과 전술을 세우기를 즐겨 하여 일을 성공으로 이끄는 사람과 함께할 것이다."(술이 10)

子路曰 子行三軍則誰與 子曰 暴虎馮河 死而無悔者 吾不與也
자로 왈 자행 삼군 즉 수여 자왈 포호빙하 사 이 무회 자 오 불여 야
必也臨事而懼 好謀而成者也
필야 임사 이 구 호모 이 성자 야

자로를 향한 것임과 동시에 항우를 향한 것임을 한눈에 알 수 있다.

떠돌이 청년이
천하를 제패하기까지

17세 고아 청년, 운(運)을 만나다 : 명 초대 황제 주원장

　　원(元)나라 지정(至正) 4년(1344년) 찢어지게 가난한 소작
농의 막내아들인 한 청년은 돌림병과 굶주림에 부모와 큰 형을 동시
에 잃고 황각사(皇覺寺)라는 절에 몸을 맡긴다. 행자(行者)가 된 것이
다. 그러나 절이라고 그를 따뜻이 맞아줄 리 만무했다. 이에 청년은 떠
돌이 생활을 시작한다. 그는 글자 한 자 제대로 익히지 못했지만 이때
세상을 보았다. 이미 원나라는 망해가고 있었고 곡창지대인 남쪽 지
방을 중심으로 곳곳에서 도적 떼와 반란군이 일어나고 있었다.

　　지정 12년(1352년) 2월 곽자흥(郭子興)[80]이 호주(濠州)에서 봉기
했다. 홍건적(紅巾賊)이다. 곽자흥은 원래 산동 사람으로 안휘성 정
원현으로 옮겨와 그곳의 토호로 이름난 사람인데 반란의 깃발을 든

것이다.

어느새 청년은 25세가 됐다. 윤3월 청년은 곽자흥 무리에 일개 병사로 들어갔다. 기억력이 좋아 어깨너머로 글자 수백 자 아는 것이 전부였던 이 청년은 그러나 "계책을 잘 내며 사람을 잘 부렸고 사물을 보는 눈이 정확했다"고 한다. 훗날 황제의 자리에 오르고 나서 여러 번 밝혔지만 "무엇을 하겠다고 마음먹으면 반드시 해내는" 성격의 소유자이기도 했다. 그러나 배경 없고 지식 없고 외모 또한 전해오는 초상화가 보여주듯 추남(醜男)에 가까웠다.

말단 보졸(步卒)로 홍건적의 길에 들어선 이 청년은 두어 달 만에 원수 곽자흥의 눈에 든다. 중국 학자 오함(吳晗)은 『주원장전』에서 이 무렵 청년의 모습을 이렇게 그리고 있다.

부지런하면서도 세심하게 일을 처리하며, 또한 과감해야 할 때는 과감하게 나갔다. 명령을 받으면 처리가 아주 빨랐으며 마무리 또한 깔끔했다. 전투할 때는 다른 병졸보다 앞장을 섰고 전리품을 얻으면 금은, 의복, 가축, 양식을 가리지 않고 원수에게 바쳤으며 상을 받게되면 공로는 모두의 것이라고 겸양하며 함께 작전에 나갔던 전우들에

---

80) 젊어서부터 협객들과 사귀었고, 백련교(白蓮敎)에 들어가 호걸들과 어울리면서 유복통(劉福通)의 반란에 호응했다. 홍건도(紅巾徒)로서 군사를 일으켜 호주를 빼앗아 장악한 뒤 원수(元帥)를 자칭했다. 이때 주원장이 그의 부하로 들어와 공을 세우자, 의녀(義女) 마씨(馬氏)를 그에게 시집보냈다. 그녀가 바로 마(馬) 황후다. 주원장의 협력으로 여러 차례 원나라 군대를 격파하고 저주(滁州)와 화주(和州)를 탈취했다. 사람됨이 용감하고 전투에 능했지만, 동지 사이에 내분이 그치지 않자 항상 근심하다가 화주에서 병으로 죽었다.

게 공평하게 분배했다. 평소에는 말수가 적었지만 말을 하면 모두 무게가 실려 있었다.

그는 배워서 이런 것을 익힌 것이 아니라 날 때부터 터득해서 알고 있었다. 공자가 말하는 생이지지(生而知之)의 인물이었던 것이다. 특히 오함의 묘사는 『논어』 이인 편에서 공자가 말한 그대로다.

"군자는 말은 어눌하게 하려 하고 행동은 민첩하게 한다."(이인 24)

君子欲訥於言而敏於行
군 자 욕 눌 어 언 이 민 어 행

배워서 군자가 아니라 타고난 군자가 바로 이 청년이다. 이런 자질을 갖춘 사람은 굳이 출세를 걱정할 필요가 없다. 이미 공자는 어리지만 똑똑했던 제자 자장이 출세하는 법[干祿]을 물었을 때 이렇게 말한 바 있다.

"많이 듣고서 의심나는 것은 제쳐놓고 그 나머지 것들에 대해서만 신중하게 이야기한다면 허물이 적을 것이요, 많이 보고서 위태로운 것은 제쳐놓고 그 나머지를 신중하게 행한다면 후회가 적을 것이니, 말에 허물이 적으며 행실에 후회할 일이 적으면 벼슬자리는 절로 따라오게 될 것이다."(위정 18)

多聞闕疑 愼言其餘則寡尤 多見闕殆 愼行其餘則寡悔 言寡尤 行
다 문 궐 의 신 언 기 여 즉 과 우 다 견 궐 태 신 행 기 여 즉 과 회 언 과 우 행

寡悔 祿在其中矣
과 회 녹 재 기 중 의

공자의 말대로 기회는 절로 따라왔다. 곽자흥에게는 오랜 친구 마공(馬公)이 맡긴 딸이 있었다. 곽자흥이 친딸처럼 아꼈기에 곽자흥은 진중에 소문이 자자했던 청년을 불러 사위로 삼았다. 부대 사람들은 청년을 주공자(朱公子)라 불렀고 이름도 원장(元璋)으로 바꿨다. 우리가 아는 주원장(朱元璋)은 이렇게 해서 생겨난 것이다. 이 혼인은 후덕한 아내를 청년 주원장에게 선사했다. 훗날 황후(皇后)의 자리에 오르게 되는 이 여인은 주원장과 30년을 함께하다가 홍무 15년(1382년) 51세의 나이로 세상을 떴다. 그런데 병을 앓고 있던 마 황후는 혹시 자신의 병으로 인해 의원이 추후에 죄를 입게 될까봐 약을 먹지 않았을 만큼 배려심이 깊은 여인이었다. 그래서 주원장은 26명의 아들과 16명의 딸을 낳을 만큼 비빈이 많았지만 마 황후가 죽고 나서도 황후를 다시 세우지 않았다.

호걸이 된 도적, 교만한 사람을 먼저 치다

지위가 오른 주원장은 군관의 기율과 병사의 훈련에 온 힘을 쏟았다. "기본에 충실하자"는 주원장의 이 같은 원칙은 훗날 황제가 돼서도 거의 그대로 유지됐다. 일종의 원칙론자였다. 또한 주원장은 무식했으나 열린 귀를 갖고 있었다. 자신을 낮췄기 때문에 주변에서 좋은 이야기를 해주려는 사람이 많았다. 특히 지정 13년(1353년) 이선장(李善長)이라는 사람이 그에 관한 명망을 듣고서 찾아와 한

고조 유방을 배울 것을 권했다. 그의 꿈이 군에서 공을 세워 부귀영화나 누리자는 데 머물렀다면 이런 이야기를 흘려들었을지 모른다. 그러나 실제로 한나라를 세운 유방이야말로 고향도 같고 자신과 비슷한 평민 출신으로 봉기한 지 5년 만에 천하를 평정한 인물이다. 게다가 유방은 예로부터 중국 사람이라면 누구나 숭배하는 인물이었다. 중요한 것은 그로부터 '무엇을' 배울 것인가 하는 것이다. 반란군 혹은 도적 떼의 젊은 군관 주원장은 난세(亂世)를 치세(治世)로 만들어야겠다는 포부를 만들어가고 있던 중이라 귀가 번쩍 뜨였다. 즉 그는 단순한 도적의 우두머리에 머물 인물은 아니었고 이때 적어도 호걸이고자 하는 꿈은 품고 있었다.

유방도 한때 난봉꾼에 무뢰배에 가까웠지만 봉기한 이후로는 기강을 세우고 어진 조치를 베풀어 사람들의 마음을 얻는 데 주력했다. 게다가 도량이 커서 주변에 다양한 인재들이 몰려들었다. 적재적소에 인재를 배치했고 사람을 함부로 죽이지 않았다. 무엇보다 멀리 내다보는 안목이 있었다. 고스란히 청년 주원장의 꿈 실현에 꼭 필요한 것들이었다. 오함은 당시 주원장이 유방을 얼마나 흠모했는지를 이렇게 전한다.

"한고조를 모범으로 삼아 말하는 것과 일 처리와 전투 따위의 모든 것에 대해 마음을 기울여 그를 향해 배우고자 했다."

이 점에서 우리는 고려를 세운 왕건을 떠올리게 된다. 왕건은 후손들에게 '훈요십조'를 내려주면서 이렇게 말한다.

"중국의 한고조는 패(沛)에서 일어나 드디어 한나라의 왕업을 성취했다고 한다. 나도 역시 일개 의로운 평민으로서 그릇되게 여러 사람들의 추대를 받았다."

한고조는 왕건의 역할 모델이었던 것이다. 게다가 곽자흥의 복심 주원장과 궁예의 복심 왕건이라는 구도도 흥미롭다. 곽자흥은 여러모로 궁예와 닮았다. 성격이 조급했고 자기보다 뛰어난 사람을 싫어했으며 포용력이 없었다. 게다가 일 처리가 느리고 의심이 많았으며 결단력이 없었다. 우리가 보았던 궁예의 모습 그대로다. 반대로 주원장은 태생적으로 인내심이 많았고 위아래 사람들과 두루 잘 지냈으며 무엇보다 일 처리가 빠르고 치밀한 준비를 바탕으로 결단에 과감했다. 곽자흥의 졸렬함은 주원장이라고 해서 예외가 아니었다. 훗날 황제가 된 뒤에 회고한 뜨거운 만두 사건은 그중 하나다. 괜한 꼬투리를 잡던 곽자흥이 하루는 주원장을 빈집에 가두고 음식을 주지 못하도록 명했다. 이때 마 부인이 몰래 갓 쪄낸 만두를 가슴에 품고서 남편에게 가져다주었는데 너무나 뜨거워 마 부인의 가슴이 데었다는 것이다. 주원장으로서는 다행스럽게도 자신에게 날개와 시련을 함께 주었던 곽자흥이 3년 만인 1355년 세상을 떠났다. 이후 전장에서 승승장구했다.

장군으로서 주원장은 반간계(反間計)를 비롯한 첩보전에 능했고 전투 방식도 늘 신속하게 주력을 집중시킨 다음 적의 약점을 귀신같이 읽어내 결정타를 가하는 것이었다. 또한 동물적 감각으로 정세를 파악하고 전투의 시점과 방식을 주도적으로 결단했다. 1364년(37세) 오왕(吳王)으로 자립했다. 이제 망해가는 원나라 관군과 강남에서 경쟁하던 진우량(陳友諒),[81] 장사성(張士誠)[82]만이 그의 상대였다. 훗날 그의 회고는 주원장이라는 사람이 얼마나 마음을 읽는 데 탁월했는지를 생생하게 보여준다.

"원말의 군웅 가운데 장사성과 진우량이 가장 강대했다. 사성은 풍요로운 지방을 갖고 있었고 우량은 군사력이 강대했다. 나는 둘 다 모자랐지만 오직 백성들을 함부로 죽이지 않고 말한 것을 지키며 힘써 일하고 모두 함께 같은 마음으로 협력함으로써 비로소 성공할 수 있었다. 처음에는 한과 오 사이에 끼어 있었고 특히 사성이 지리적으로 가까웠으므로 어떤 사람들은 사성을 먼저 치자고 주장했다. 그러

---

81) 원래 성은 사(謝)씨인데, 할아버지가 진씨 집안에 데릴사위로 들어가 그 성을 따랐다. 원나라 말에 서수휘(徐壽輝)가 반란을 일으키자 그 휘하에 들어갔고, 예문준(倪文俊)의 부연(簿掾)이 되어 무장으로서의 자질을 길러나갔다. 1357년에 예문준을 죽이고 그 병력을 모은 다음, 안휘성 남부에서 기반을 굳혔다. 1359에는 서수휘를 죽이고 스스로 황제라 칭하며 국호를 대한(大漢)이라 하고 강주(江州)에 도읍을 정했다. 한때 강서(江西)와 호남, 호북을 그 세력 아래 두고 주원장과 싸웠지만, 1363년에 주원장에게 패하여 전사했다.

82) 원래 태주의 염전인 백구장에 적을 둔 소금 중개인이었다. 1353년 염장(鹽場) 관리와 염정(鹽丁) 사이의 분쟁을 틈타 염정을 모아 난을 일으켰다. 태주와 고우(高郵)를 점령하고 그곳을 근거지로 하여 성왕(誠王)이라 칭하고 국호를 대주(大周)라 하였다. 1356년에는 양자강 하류 삼각주 지대의 중심지인 강소성(江蘇省) 소주(蘇州)를 함락시키고 오국(吳國)이라 칭했다. 한때 세력이 강소성에서 절강성(浙江省) 일대에 미쳤지만, 남경(南京)에 본거지를 두고 있던 주원장과의 오랜 싸움 끝에 1367년 서달(徐達) 등이 이끄는 명나라 군대에 대패하여 포로가 되자 자살했다.

나 내가 볼 때 우량은 뜻이 교만하고 사성은 그릇이 작은데 교만한 사람은 일을 잘 일으키나 그릇이 작은 사람은 긴 안목이 없다. 그래서 우량을 먼저 공격하기로 결정했다."

하나를 쳐서 동시에 두 개를 얻을 수 있다고 본 것이다. 실은 이때 그는 이미 천하 통일을 자신하고 있었다.

"내가 수십만 대군으로 강토를 굳게 지키고 군정을 밝게 펴며 엄격한 군사 기율을 세워 장수에게 책임을 맡기며 유리한 전투 시기를 포착해 차례대로 소멸시켜간다면 천하 통일도 자신할 수 있다."

허언(虛言)이 아니었다. 불과 4년 후인 1368년 마침내 대명(大明)을 국호로 선포하고 황제의 자리에 오른다. 이때 그의 나이 41세였다.

공이 허물을 덮는 황제

오직 현장 경험만을 믿었던 황제 주원장은 엄벌주의[以猛
治國]의 신봉자였다. 반면 어려서 서당을 다니지 못한 것이 평생의
한이었던 그는 황태자만은 최고의 제왕학 교육을 시켰다. 그 결과
황태자는 공자와 주공의 인정(仁政)을 자신의 목표로 삼았다. 이런
황태자가 부황에게 간언했다.

"폐하는 사람을 너무 많이 죽이기 때문에 화기(和氣)가 손상될까 두렵습니다."

다음 날 황제가 황태자를 불렀다. 가보니 부황 앞에는 가시투성이의 몽둥이가 있었다.

"들어보거라."

가시 때문에 붙잡을 만한 곳이 없어 망설이자 황제가 말했다.

"너는 가시가 겁이 나서 들지 못하는구나! 그러니 내가 이 가시를 모두 제거한 다음에 너에게 준다면 어찌 좋지 않겠느냐! 내가 죽인 자들은 모두 천하의 나쁜 사람들이다. 이처럼 깨끗이 정리해야 네가 겨우 이 나라를 맡을 수 있는 것이다."

우리 조선의 태종 이방원을 떠올리게 하는 장면이다. 그러나 황태자도 물러서지 않았다.

"위에 요순(堯舜) 임금이 있으면 아래에 요순의 백성이 있다고 했습니다."

황제는 옆에 있던 의자를 들어 황태자에게 던졌다. 일 처리의 주도면밀을 강조하는 면에서도 주원장과 이방원은 닮았다. 실제로 주원장은 얼마 후에 황태자가 먼저 죽자 16세 황태손을 세우고서 다시한 번 가시를 제거한다. 그 결과 자신과 함께 전장을 누볐던 공신들은 거의 모두 목숨을 잃어야 했다.

그의 엄벌주의와 좀처럼 사람을 믿지 않는 의심 증세는 문자옥(文字獄)[83]이라는 희대의 사건을 빚어내기도 했다. 자신의 미천한 시절을 연상시키는 글자를 사용한 글을 올린 사람은 이유 여하를 막론하고 죽여버린 것이다. 단적인 예가 광(光)이다. 까까머리를 연상시킨다는 것이었다. 이런 문자옥은 건국 초기 조선의 외교를 낭패에 빠트리기도 했다.

그러나 그는 재위 30년에 걸쳐 법에 의한 통치를 가능하게 해줄『대명률(大明律)』을 편찬했다. 또한 환관과 외척의 정치 간여를 금지하는 체계를 뿌리내리게 했다. 그래서 어떤 왕조 때보다 환관과 외척의 폐해는 적었던 것이 명나라다. 무엇보다 황제 주원장에게 내려야 할 큰 칭송은 원나라를 내몰고 다시 한족의 중국을 재건한 것이다. 제나라 환공(桓公)을 도와 춘추시대 패권을 장악한 관중(管仲)에 대한 공자의 평이야말로 고스란히 주원장에게 적용돼야 할 명언이다.

『논어』 헌문(憲問) 편에서 제자 자공이 불만이 있다는 듯이 묻는다.

---

83) 중국에서 왕조시대에 황제의 이름에 들어간 한자를 쓰거나 황제가 싫어하는 글자를 사용했다는 죄를 뒤집어 씌워 관직을 박탈하거나 비판적 지식인을 사형시킨 황제의 전횡을 일컫는 말이다. 반대파 학자나 관료들을 제거하기 위한 수단으로 악용되기도 했다.

"관중은 결코 어진 자[仁者]라고 할 수 없습니다. 환공이 공자 규를 죽였는데 함께 죽지 못했을 뿐만 아니라 오히려 환공을 도와주었습니다."

이에 공자가 대답했다. "관중이 환공을 도와 제후들의 패자로 만들어 한 번에 천하를 바로잡아 백성들이 지금까지 그 혜택을 받고 있으니, 관중이 없었다면 나는 머리를 풀고 옷깃을 왼편으로 하는 오랑캐가 되었을 것이다. 어찌 필부필부들이 작은 신의[諒]를 지키기 위해 스스로 목매 죽어서 시신이 도랑에 뒹굴어도 사람들이 알아주는 이가 없는 것과 같이 하겠는가?"(헌문 18)

管仲非仁者與 桓公殺公子糾不能死又相之 子曰 管仲相桓公
관중 비 인자 여 환공 살 공자 규 불능 사 우 상 지 자왈 관중 상 환공
覇諸侯 一匡天下民到于今受其賜 微管仲吾其被髮左袵矣 豈若
패 제후 일광 천하 민 도 우금 수 기사 미 관중 오 기 피 발 좌임 의 기약
匹夫匹婦之爲諒也 自經於溝瀆而莫之知也
필부필부 지 위량 야 자경 어 구독 이 막 지 지 야

천하 질서를 바로잡은 관중의 공(功)은 공자 규(糾)를 따라 죽지 못한 작은 불인(不仁)을 덮고도 남는다는 것이 공자의 판단이었다.

그런데 왜 우리 식자층은 유방은 이야기하고 항우는 말하면서도 주원장은 입에 담지도 않는 것일까? 이는 명나라에 대한 사대(事大)를 표방하면서도 정작 명나라를 세운 주원장을 폄하했던 조선 시대 사대부들의 의식과 무관치 않을 것이다. 주원장은 철저한 왕권주의자였기 때문에 신권을 중시하는 성리학을 경멸했다. 관직에 불러 나오지 않으면 그 자리에서 죽여버렸다. '내 나라에 살면서 내 명을 듣지 않는 자는 그냥 둘 수 없다는 의식'의 발로였다.

주원장에 대한 청나라 사학자 조익(趙翼, 1727~1814년)의 평가다. "명 태조는 성현의 면모, 호걸의 기풍, 도적의 성품을 동시에 가진 사람이었다." 한 자도 고칠 말이 없다.

세심한 시선과
한결같은 믿음을 바탕으로

굳셈과 눈 밝음, 지도자 불변의 덕목

한나라 유학자 유향(劉向)[84]은 공자가 죽고 나서 가장 큰 아쉬움은 "미언(微言)이 끊어진 것"이라고 했다. 미언이란 뜻이 깊은 말로 공자의 말은 숨어 있고 미미한 듯하면서도[隱微] 그 뜻이 크고 깊다는 것이다. 그것을 미언대의(微言大義)라고 했다.

---

84) 본명은 갱생(更生)이다. 초원왕(楚元王) 유교(劉交)의 4세손이고, 유흠(劉歆)의 아버지다. 선제(宣帝)와 원제(元帝) 때 환관 홍공과 석현을 퇴진시키려고 했지만 그들의 참언을 받아 투옥되었다. 성제(成帝)가 즉위하자 임용되어 이름을 향(向)으로 바꾸었다. "인성은 선악을 낳지 않으며, 사물에 감응한 뒤에 움직인다"라고 하여 종래의 성선설, 성악설을 모두 부정하면서 성 자체에는 선악이 없으며 외부의 자극 때문에 선악의 이동(異同)이 있게 된다고 주장했다. 춘추 전국 시대로부터 한나라에 이르기까지 사람들의 언행을 분류하여 『신서(新序)』와 『설원(說苑)』을 편찬했고, 『시경』과 『서경』에 나타난 여인들 중 모범과 경계로 삼을 만한 사례를 모아 『열녀전』을 저술했다.

그러나 송나라 때부터 주자(朱子)의 성리학(性理學)이 성행한 이래 공자의 텍스트를 읽는 방식도 크게 왜곡됐고 특히 주자학의 절대적 영향하에 있었던 조선 시대를 거치면서 우리의 공자에 대한 태도 또한 실상과 많이 동떨어졌다. 그래서 가능하면 공자와 시대적 거리가 멀지 않았고 살아 있는 지혜로서 공자의 생각을 받아들였던 한나라 학자들의 도움을 받아가면서 공자의 지혜를 받아들일 때 공자가 말하고자 했던 바에 깊이 들어갈 수 있다.

사서삼경 중의 하나인 『서경』만 해도 제왕학의 핵심 텍스트임에도 불구하고 삼경(혹은 오경)보다는 사서만을 중시했던 주자학의 악영향으로 인해 오늘날에는 유학 전공자들조차 제대로 읽지 않는 책이 돼버렸다. 『시경』과 『주역(周易)』 또한 마찬가지다. 주자학은 간단히 말하면 공자 없는 유학인 셈이다.

『서경』 '우서(虞書) 대우모(大禹謨)' 편에 순임금이 우왕(禹王)에게 제위를 물려주면서 임금 된 자의 마음가짐을 전해주는 구절이 나온다. 제왕학의 핵심 격언이다.

"사람의 마음[人心]이란 오직 위태위태한 반면 도리의 마음[道心]은 오직 잘 드러나지 않으니 (그 도리를 다하려면) 정밀하게 살피고 한결같음을 잃지 않아[惟精惟一] 진실로 그 적중해야 할 바를 잡도록 하여라!"

물론 이 말은 공자가 한 말은 아니다. 그러나 『서경』의 편집자가 공자라는 점에서 볼 때 공자가 바로 이 말을 선택했다는 사실 자체가 이미 공자의 뜻을 에둘러 담고 있는 것이다. 여기서 핵심은 "정밀하게 살피고 한결같음을 잃지 말라[惟精惟一]"이다.

이 말을 한 번 풀면 한결같음은 굳셈[剛]이고 정밀하게 살피는 것은 눈 밝음[明]이다. 한결같을 때라야 굳세고, 빈틈없이 훤하게 살필 때라야 눈 밝다고 할 수 있다. 즉 순임금이 제시한 임금다운 임금의 요체는 강명한 군주가 되라는 것이다.

이제 굳셈과 눈 밝음의 뜻을 풀어야 한다. 그래야 현실에 적용이 가능하기 때문이다. 그것은 『논어』의 도움을 받으면 된다. 먼저 공야장 편이다.

공자는 말했다. "나는 아직 진정으로 굳센 사람을 보지 못했다."

어떤 사람이 "신정이 있습니다"고 대답하자 공자는 말했다. "신정은 욕심(으로 가득한 자)이니, 어찌 굳세다고 할 수 있겠는가?"(공야장 10)

子曰 吾未見剛者 或對曰 申棖 子曰 棖也慾 焉得剛
자왈 오 미견 강자 혹 대왈 신정 자왈 정야욕 언 득강

우리는 흔히 진정으로 굳센 사람[剛]과 겉으로만 굳센 사람을 구분하지 못한다. 겉으로만 굳센 사람이란 여기서 공자가 말하듯 욕심으로 가득 찬 사람이다. 공적인 도리를 위해 일관된 뜻을 지키는 사람이 진정 굳센 사람인 반면 욕심을 숨긴 채 강인해 보이는 사람은 사이비(似而非), 즉 비슷해 보이지만 실은 그렇지 않은 사람이다. 공과 사의 문제가 들어 있는 것이다. 이는 마치 겉으로 교언영색하면서

도 진정 어진 사람과 그렇지 못한 사람이 있는 것과 같다.

이어 눈 밝음[明]을 보자. 안연 편이다.

자장이 눈 밝음[明]에 관해 묻자 공자는 말했다. "서서히 젖어드는 참소(讒訴)와 피부를 파고드는 하소연[愬]이 행해지지 않는다면 그 정사는 밝다[明]고 이를 만하다."(안연 6)

子張問明 子曰 浸潤之譖 膚受之愬 不行焉 可謂明也已矣
자장 문명 자왈 침윤 지참 부수 지소 불행 언 가위 명 야이의

여기서 보듯 눈 밝음이란 공적인 마인드에 입각해 주변에서 일어나는 사사로운 중상모략이나 친족 혹은 측근들의 간절한 부탁 등을 끊어내는 것이다. 그것은 정밀하게 살피지 않고서는 불가능하다.

이것이 유정유일(惟精惟一)이다. 이는 예나 지금이나 변함없이 통용될 수밖에 없는 리더의 최우선 자질이다. 이는 역사 속의 인물을 통해 그들의 성패(成敗)를 살필 때 분명하게 드러난다.

강명함은 인사(人事)를 통해 드러난다. 『논어』에 등장하는 순임금의 사례는 십중팔구 인사 혹은 지인(知人)과 관련된 것임도 바로 그 때문이다.

먼저 태백 편이다.

순임금에게는 (어진) 신하 다섯 명이 있어 천하가 다스려졌다.(태백 20)

舜有臣五人而天下治
순 유 신 오인 이 천하 치

안연 편의 사례는 마치 이 태백 편에 대한 풀이와도 같다.

번지가 어질다는 것[仁]이 무엇이냐고 묻자 공자는 "다른 사람을 사랑하는 것[愛人]"이라고 답한다. 이어 안다는 것[知]은 무엇이냐고 묻자 "사람을 (볼 줄) 아는 것[知人]"이라고 말한다. 그런데 번지가 이 말을 미처 이해하지 못하자 공자는 말했다. "곧은 사람을 들어 쓰고 모든 굽은 사람은 제자리에 두면, 굽은 자로 하여금 곧아지게 할 수 있다."

번지는 공자 앞을 물러 나와 자하를 찾아가 물었다. "지난번에 내가 부자를 뵙고서 안다는 것[知]이 무엇인지 묻자 부자께서는 '곧은 사람을 들어 쓰고 모든 굽은 사람은 제자리에 두면, 굽은 자로 하여금 곧아지게 할 수 있다'고 하셨다. 무엇을 말함인가?"

자하는 이미 공자의 말뜻을 알아차렸다는 듯이 "풍부하도다! 그 말씀이여!"라고 말한 다음 구체적인 사례를 들어 번지의 궁금증을 풀어준다.

"순임금이 천하를 소유함에 여러 사람 중에서 선발하여 고요(皐陶)[85]를 들어 쓰시니 어질지 못한 자들이 멀리 사라졌고, (은나라를 세운) 탕왕이 천하를 소유함에 여러 사람 중에서 선발하여 이윤(伊尹)[86]을 들어 쓰시니 어질지 못한 자들이 멀리 사라졌다."(안연 22)

---

85) 순임금의 신하로 법리(法理)에 통달하였으며, 법을 세워 형벌을 제정하고 나라를 잘 다스려 명재상의 대명사가 됐다.

樊遲問仁 子曰 愛人 問知 子曰 知人 樊遲未達 子曰 擧直錯諸枉
번지 문인 자왈 애인 문지 자왈 지인 번지 미달 자왈 거 직 조 제 왕

能使枉者直 樊遲退見子夏曰 鄕(鄕)也 吾見於夫子而問知 子曰 擧
능사 왕자 직 번지 퇴견 자하 왈 향 향 야 오 현 어 부자 이 문지 자왈 거

直錯諸枉 能使枉者直 何謂也 子夏曰 富哉言乎 舜有天下 選於衆
직 조제 왕 능사 왕자 직 하위 야 자하 왈 부 재 언 호 순 유 천하 선 어 중

擧皐陶 不仁者遠矣 湯有天下 選於衆擧伊尹 不仁者遠矣
거 고 요 불인자 원 의 탕 유 천하 선 어 중거 이윤 불인자 원 의

임금이 가장 많은 공력을 쏟아야 할 부분은 인사, 그중에서도 재
상을 잘 고르는 일이다. 그것만 잘하면 임금은 몸을 부지런히 움직
여야 할 일이 거의 없게 된다. 이런 맥락을 이해할 때라야 위령공 편
에 나오는 다음과 같은 공자의 말도 쉽게 알 수 있다.

"무위하면서 다스린 임금은 순임금일 것이다. 무릇 무엇을 하였겠
는가? 몸을 공손하게 하고 바르게 남면하였을 뿐이다."(위령공 4)

無爲而治者其舜也與 夫何爲哉 恭己正南面而已矣
무위 이 치자 기 순 야여 부 하위 재 공기 정 남면 이이의

위정 편에 나오는 구절도 비유를 들었을 뿐이지 실은 순임금의 이
같은 모습을 그려내고 있는 것이다.

---

86) 일명 윤지(尹摯)라고도 한다. 노예였다가 유신씨(有莘氏)의 딸이 시집갈 때 잉신(媵臣)
으로 따라갔다. 탕왕의 인정을 받아 등용되어 하나라를 멸망시키고 은나라를 건국하
는 데 큰 공을 세웠다. 이로 인해 은나라의 재상이 되었다. 탕왕이 죽은 뒤 외병(外丙)과
중임(仲壬) 두 임금을 보좌했다. 중임이 죽고 태갑(太甲)이 왕위에 올랐는데 정사를 돌
보지 않고 탕왕의 법을 따르지 않자 그를 동(桐)으로 축출하고 자신이 섭정했다. 3년 뒤
태갑이 잘못을 뉘우치자 다시 왕위에 올렸다. 고대의 명재상으로 전해진다.

"정치를 (임금)다움으로 하는 것은 비유하자면 북극성이 자기 자리에 머물러 있으면 뭇별들이 그것에게로 향하는 것과 같다."(위정 1)

爲政以德 譬如北辰 居其所而衆星共之
위정 이 덕 비 여 북신 거 기소 이 중성 공 지

세종도 굳셈에 이르지는 못했다

특히 굳셈과 관련해서 한 가지 짚어둘 사항은 굳셈, 즉 오래 가는 마음 혹은 한결같은 마음의 중요성이다. 무일(無逸), 시종일관 게을러지지 않는 마음이 바로 굳셈[剛]이기 때문이다.
_강

조선의 태종은 즉위 첫 해인 1401년 윤3월 11일 정전(正殿)을 고쳐 짓고서 더불어 궁궐의 북쪽에 정자 하나를 지은 다음 총애하는 신하이자 뛰어난 학자인 하륜(河崙)과 권근(權近)[87]에게 궁궐과 정자의 이름을 짓게 했다. 이에 두 사람은 청화(淸和), 요산(樂山), 무일(無逸) 세 가지를 후보로 올렸다.

---

87) 1393년(태조 2년) 왕의 부름을 받고 새 왕조의 창업을 칭송하는 노래를 지어 올리고, 왕명으로 정릉(定陵)의 비문을 지어 바쳤다. 그런데 이 글들은 모두 후세 사람들로부터 아첨하는 글[諛文], 사실을 왜곡하는 글[曲筆]이었다는 평을 면하지 못했다. 그 뒤 1396년 이른바 표전문제(表箋問題)로 명나라에 갔을 때에는 명나라 학자들과 교유하면서 경사(經史)를 강론했고 명나라 태조의 명을 받아 응제시 24편을 지어 중국에까지 문명을 떨쳤다. 왕명을 받아 경서의 구결(口訣)을 저정(著定-저술하여 정리함)하고, 하륜 등과『동국사략(東國史略)』을 편찬하였다. 성리학자이면서도 사장(詞章)을 중시해 경학과 문학을 아울러 연마했다. 이색을 스승으로 모시고, 그 문하에서 당대 석학들과 교유하면서 성리학 연구에 정진해 고려 말의 학풍을 일신하고, 이를 새 왕조의 유학계에 계승시키는 데 크게 공헌했다.

청화는 맑고 온화한 정치를 해달라는 기대를 담은 것이다. 요산은 『논어』에 나오는 말로 인자(仁者)는 산을 좋아하고 지자(知者)는 물을 좋아한다고 한 데서 온 것으로 태종에게 어진 정치를 펼쳐달라는 소망을 드러낸 것이다. 무일은 『서경』에서 따온 것으로 안일함이나 게으름에 젖어서는 안 된다는 경계의 의미를 담고 있다. 여기서 게으름이란 몸의 게으름뿐만 아니라 마음의 게으름도 함께 포함한다.

태종은 그중에서 무일을 골라 정전의 이름으로 삼았다. 정전이란 경복궁으로 치면 근정전(勤政殿)에 해당하는 가장 중요한 건물이다. 이어 청화를 골라 정자의 이름으로 삼았다. 그래서 태종은 무일전(無逸殿)에서 주요 정사를 다루었다.

원래 무일은 주나라 때 주공이 섭정을 하다가 마치고나서 조카인 성왕에게 전권을 넘겨주면서 경계해야 할 딱 한마디로 "게을러서는 안 된다[無逸]"는 뜻을 담아 쓴 글의 제목이다. 그런데 군주가 게으르다는 것은 과연 무슨 뜻일까? 백성들의 삶이 얼마나 힘든지를 진실로 안다면 군주는 게으를 수가 없다는 뜻이다. 그래서 주공은 "군주는 늘 무일을 마음 한가운데 오랫동안 두어야 합니다"라고 했던 것이다.

여기서 무일 못지않게 중요한 말이 '오랫동안'이다. 잠깐 하다 말면 무일한다고 할 수가 없다. 그런 마음으로 시종일관할 때라야 제대로 된 군주가 될 수 있다.

바로 이런 점에서 당나라 때 명신(名臣) 위징이 당 태종에게 올린 「간태종십사소(諫太宗十思疏)」를 떠올리지 않을 수 없다. 태종에게 반드시 명심해야 할 10가지 내용을 간언하는 상소라는 뜻이다. 그중에 무일과 관련된 부분이 흥미롭고 상세하다.

"처음에 시작을 잘하는 사람은 많지만 능히 끝을 잘 마치는 자는 거의 없습니다."

"나태하고 게을러질까 두려울 때는 반드시 일의 시작을 신중히 하고 일의 끝을 잘 삼가야 한다[愼始而敬終]는 것을 떠올려야 합니다."
신시 이 경종

사람이 하는 일은 시작이 있으면 끝이 있기 마련이다. 그렇기 때문에 신시경종(愼始敬終)은 작은 조직이건 큰 조직이건 사람을 부리는 자리에 있는 사람이라면 잠시도 잊어서는 안 되는 경구라 할 수 있다.

다시 조선 초로 돌아간다. 적어도 정치력만 놓고 보면 태종이 세종보다 몇 수 위다. 태종은 신시경종을 한시도 잊은 적이 없는 군주였다. 그 대표적인 경우가 양녕대군을 세자에서 내쫓고 충녕대군을 세자로 삼은 다음 자신은 상왕으로 물러나 어린 세종이 임금으로서의 역할을 제대로 할 수 있도록 4년간 돌보아준 일이다. 세종의 경우에 이 '인턴 임금 4년'이 없었더라면 그 후 그렇게 많은 업적을 남길 수 있었을지 미지수다.

반면 세종은 신시(愼始)했는지는 몰라도 경종(敬終)했다고는 할 수 없다. 후계 구도를 제대로 정리하지 않고 수양(首陽)과 안평(安

平) 두 대군에게 어려서부터 정치에 관련된 심부름을 시키며 정치에 관여하는 길을 열어주었다. 양녕대군이 세자이던 시절 효령대군이나 충녕대군이 정치와 관련된 책을 보면 그 자리에서 빼앗았던 태종과는 확연히 대조를 이룬다. 결국 세종 사후에 친형제들 간의 살육전이 벌어진 것도 실은 세종 탓이라 할 수 있다.

결국 한 리더가 무일했는지 게으름에 빠졌는지는 그 끝이 좋았는지 여부를 살피는 것으로 충분하다.

리더가 반드시 알아야 할 9가지 원칙[九經]
구경

다행히 『논어』에는 군자 혹은 리더가 반드시 갖춰야 할 내면과 외면의 가치를 아홉 가지로 압축해서 정리하고 있다. 앞서 본 항우를 이 아홉 가지 잣대에 비춰보면 그의 문제점이 훨씬 쉽게 드러난다.

공자는 말했다. "군자는 아홉 가지 염두에 두어야 할 것이 있다. 볼 때는 밝음을 먼저 생각하고 들을 때는 귀 밝음을 먼저 생각하고 얼굴빛은 온화함을 먼저 생각하며 몸가짐을 할 때는 공손함을 먼저 생각하며 말할 때는 진실함을 먼저 생각하며 섬길 때는 공경함을 먼저 생각하며 의심스러울 때는 물음을 먼저 생각하며 분할 때는 어려움을 먼저 생각하며 얻음을 보면 의리를 먼저 생각해야 한다."(계씨 10)

孔子曰 君子有九思 視思明 聽思聰 色思溫 貌思恭 言思忠 事思
공자 왈 군자 유 구사 시 사 명 청 사 총 색 사 온 모 사 공 언 사 충 사 사
敬 疑思問 忿思難 見得思義
경 의 사 문 분 사 난 견득 사의

구사(九思)라고 해서 아홉 가지 생각이 아니다.

그 첫째가 시사명(視思明)인데 엉터리 번역 수준으로 옮기면 "볼 때는 밝음을 생각하라"가 된다. 여기에 황당한 풀이, 즉 "사물을 볼 때는 밝게 보라는 말이다"가 더해지면 헤어날 길이 없다. 이때 본다는 것은 시사(視事), 즉 임금이 나라의 업무를 본다는 뜻이다. 그러면 명(明)에 관해 『논어』에 나오는 딱 한 번의 풀이와 부절처럼 맞아떨어진다. 자장이라는 제자가 밝다[明]의 뜻을 묻자 공자는 이렇게 답한 바 있다.

"물이 스며들 듯 서서히 젖어드는 참소(讒訴)와 살갗을 파고드는 하소연이 행해지지 않는다면 그 정사는 밝다[明]고 할 수 있다."(안연 6)
浸潤之譖 膚受之愬 不行焉 可謂明也已矣
침윤 지 참 부수 지 소 불행 언 가위 명 아이의

참소란 요즘식으로 하면 동료나 라이벌에 대한 음해나 중상모략이다. 여기서 또 중요한 것은 '서서히 젖어드는'이라는 표현이다. 그만큼 윗자리에 있는 사람이 눈 밝지 못하면 쉽게 알아차리기 어렵다는 뜻이다. 가족이나 친족 혹은 총애하는 측근들의 간절한 부탁을 뜻하는 하소연도 '살갗을 파고드는'이라고 했다. 끊어내기가 그만큼 쉽지 않다는 말이다. 이것을 단호히 끊어낼 때 명군(明君)이 되는 것

이고 그것을 못하면 암군(暗君)이 된다.

다시 시사명이다. 일을 살펴보는 데 있어 가장 본질적인 것은 다름 아닌 이 같은 의미에서의 명(明)이다. 즉 사(思)는 그냥 생각하는 것이 아니라 어떤 것을 행함에 있어 가장 중요하고 본질적인 것을 놓치지 않는다는 뜻이다. 하긴 이런 생각이라야 문제를 해결할 수 있다. 그냥 잡생각만 해서는 문제가 풀리지 않는다. 이제 우리는 자신 있게 나머지 팔사(八思)도 제대로 풀어낼 수 있는 길을 확보했다.

둘째는 청사총(聽思聰)이다. 청(聽) 또한 정치와 관련된다. 조선 시대 때는 정치라는 말 대신에 청정(聽政), 혹은 청단(聽斷)이란 말을 더 많이 썼다. 정사를 듣고서 결단한다는 말이다. 사실상 시사(視事)와 같은 말이다. 따라서 청사총이란 정사를 듣고서 결단하는 데 있어 가장 본질적인 것은 총(聰), 즉 귀 밝음이라는 뜻이다. 귀가 밝다는 것은 청력이 뛰어나다는 뜻이 아니다. 아랫사람이 무슨 말이나 보고를 할 때 그 자리에서 그 말이나 보고가 제대로 된 것인지를 알아차리는 것이다. 심지어 그 숨은 의도까지 정확히 읽어낸다면 지도자로서 더할 나위 없는 자질을 가진 것이다.

이 정도면 나머지 것들은 정확히 번역만 해도 알 수 있다. 색사온(色思溫), 안색을 취할 때는 온화해야 하며 모사공(貌思恭), 몸가짐에서 가장 중요한 것은 공손함이며 언사충(言思忠), 말에는 진실함이 가장 본질적이며 사사경(事思敬), 일을 할 때는 삼가는 마음을 잃지 않는 것이 가장 중요하다. 공자는 줄곧 『논어』의 다른 데서도 경사(敬事)를 강조한다. 그런데 기존의 번역서들은 대부분 이를 "일을 공경하라"고 옮긴다. 공손[恭]과 삼감[敬]의 차이조차 모르는 엉터리 번역이다. 경사(敬事)에서는 경(敬)이 아니라 사(事)가 동사다. 삼가는 마음으로 일을 한다는 것은 일을 시작함에 있어 사전에 주도면밀하게 준비하는 것이고 또한 처음부터 끝까지 일관되게 일을 끌고 나가 마침내 좋은 결과를 얻어낸다는 뜻이다.

결국 여기서 사(思)는 '생각하다'보다는 '이렇게 하라'는 뜻이다.

의사문(疑思問), 의문이 나면 질문을 하고 분사난(忿思難), 화가 난다고 해서 마구 행동하지 말고 만일 그렇게 했을 때 닥쳐올 수 있는 어려움을 먼저 생각한 다음에 처신하라는 것이다.

끝으로 견득사의(見得思義), 이득이 생겼을 때는 덥석 제 것으로 하지 말고 과연 그렇게 해도 마땅한지를 반드시 점검하라는 말이다. 이익을 버리고 의로움을 취하라는 식의 번역은 오역이다.

배움의 자세를
기억하라

배우고, 시간 나는 대로 익혀라

『논어』를 펼치면 가장 먼저 접하게 되는 공자의 말이 "학이
시습지(學而時習之) 불역열호(不亦說乎)!"다. 결론부터 말하자면 이
구절은 바둑 9단의 고수가 대국에서 둔 첫수와 같다. 그것을 통해
이미 전체적인 대국을 어떻게 끌고 갈 것인지가 어느 정도 정해지기
때문이다. 이 대국의 이름은 지도력 함양이다. 『논어』는 처음부터 끝
까지 제왕학 혹은 리더십 기르기다.

여기서 우리가 던져야 할 질문은 "도대체 『논어』를 편찬한 미지
의 천재 편집자는 왜 이 구절을 맨 앞에 두었는가?"하는 것이다. 기
존의 풀이처럼 대충 '배우고 때로 익히면 이 또한 기쁘지 아니한가'
식의 오역투성이 번역을 따라가서는 결코 이 질문을 돌파할 수 없

다. 시작이 반이라 했건만 시작을 잘못하면 이미 절반은 실패했다는 뜻이다. 제대로 된 번역은 이렇게 된다.

> "(옛 뛰어난 이들의 애씀이나 애쓰는 법을) 배워서 시간 나는 대로 그것을 익히니 진실로 기쁘지 않겠는가?"(학이 1)

學而時習之 不亦說乎
학이시습 지 불역 열 호

풀이의 실마리는 그것[之]에 있다. 기존의 번역들은 대부분 이것을 놓쳤다. 뭔가를 배우고 그 뭔가를 시간 나는 대로 익혀야 한다는 말이다. 그 뭔가란 곧 보게 되겠지만 문(文)을 배우라는 것이다.『논어』에서 배운다고 할 때는 십중팔구 문(혹은 예(禮))을 배우라는 것이기 때문이다. 공자가 제자들에게 가르친 네 가지가 문(文), 행(行), 충(忠), 신(信)이다. 그중에 가장 먼저 나오는 것이 문이다.

문(文)만 알면 거의 다 아는 셈이다. 우선 글월 문이라고 배웠다해서 문을 글로 옮긴 번역서들이 많다. 공자는 글 선생이 아니다. 『논어』를 가장 크게 왜곡한 주희는『논어집주(論語集註)』에서 문을 『시경』『서경』『주역』『예기(禮記)』『악기(樂記)』『춘추(春秋)』등 6경(經)의 글이라고 보았다. 한마디로 공자의 사상을 문이라고 본 듯한데 이를 틀렸다고는 할 수 없지만 맞는 것도 아니다. 6경의 글들은 옛 뛰어난 인물들이 열렬히 애썼던 흔적[文]을 모아서 편집해놓은 것이 분명하지만 문은 그 범위에 한정되지 않는다. 우리가 노력하기에 따라 지금 이곳에서도 얼마든지 문을 찾아 배울 수 있기 때문이다. 그러면 과연 문은 무엇일까? 이 비밀을 파헤치기에 앞서 『논어』
에 등장하는 문(文)의 쓰임새를 몇 가지만 잠깐 보고 가자. 먼저 팔
일 편이다.

"주나라는 하(夏) 은(殷) 2대(代)를 비추어 살펴보았으므로 찬란하
도다, 그 문(文)이여! 나는 주나라를 따르리라."(팔일 14)

周監於二代 郁郁乎文哉 吾從周
주 감 어 이대 욱욱 호 문 재 오 종 주

공야장 편이다.

자공이 공자에게 물었다. "위나라 대부인 공문자(孔文子)에게 문
(文)이라는 시호를 내린 이유는 무엇입니까?"

이에 대해 공자는 말했다. "공문자가 행하는 데 민첩하고 배우기를
좋아하며, 아랫사람에게 묻기를 부끄러워하지 않아 문이라 일렀다."
(공야장 14)

子貢問曰 孔文子何以謂之文也 子曰 敏而好學不恥下問 是以謂
자공 문왈 공문자 하이 위 지 문 야 자왈 민 이 호학 불치하문 시이 위

之文也
지 문 야

옹야 편이다.

"바탕[質]이 꾸밈(혹은 애씀)[文]을 이기면 거칠고 꾸밈(혹은 애씀)
　　　질　　　　　　　　　　　문
이 바탕을 이기면 번지레하니, 바탕과 꾸밈이 잘 어우러진[文質彬彬]
　　　　　　　　　　　　　　　　　　　　　　　　　　　문질빈빈

뒤에야 군자가 될 수 있다."(옹야 16)

質勝文則野 文勝質則史 文質彬彬然後君子
질 승 문 즉 야 문 승 질 즉 사 문 질 빈 빈 연 후 군 자

"(군자가 되고자 하는 사람은) 문(文)을 통해 배움을 넓히고 그 배운 바를 예(禮)로써 다잡아 몸에 익힌다면 이 또한 (인(仁)이나 도(道)에서) 벗어나지 않을 것이다."(옹야 25)

博學於文約之以禮 亦可以弗畔(叛)矣夫
박 학 어 문 약 지 이 례 역 가 이 불 반 반 의 부

자한 편이다. 여기서 공자는 문(文)을 자기 몸에 익힌 것에 대한 한없는 자부심을 드러낸다.

공자께서 광(匡) 땅이라는 곳에서 두려운 일을 겪었다.

그때 공자께서 말했다. "(주나라) 문왕(文王)이 이미 세상을 떠나셨으나 문(文)이 이 몸에 있지 않겠는가? 하늘이 아마도 이 문을 없애려 했다면 뒤에 죽는 사람(공자 자신)이 이 문을 체득하지 못했을 것이다. (그런데 이미 나는 이 문을 체득하였으니) 하늘이 이 문을 없애지 않으려 할 것이니 광 땅 사람들이 나를 어찌하겠는가?"(자한 5)

子畏於匡 曰 文王旣沒文不在玆乎 天之將喪斯文也 後死者不得
자 외 어 광 왈 문 왕 기 몰 문 부 재 자 호 천 지 장 상 사 문 야 후 사 자 부 득
與於斯文也 天之未喪 斯文也 匡人其如予何
예 어 사 문 야 천 지 미 상 사 문 야 광 인 기 여 여 하

문(文)에 대한 공자의 강조는 이보다 훨씬 많지만 주희가 얼마나 엉뚱한 소리를 했는지는 확인했으니 일단 본론으로 돌아간다. 『서

경』 '요전(堯典)'에서 요임금의 자질과 능력을 넉 자로 '흠명문사(欽明文思)'라고 표현했다. 이는 중국에서 옛 사람들이 사람을 평하던 넉 자 인물평의 원조격이기도 하다. 참고로 공자는 온량공검(溫良恭儉), 우리의 세종대왕은 관홍장중(寬弘莊重)으로 표현한다. 문제는 이 한 자 한 자의 뜻을 정확히 새기는 것이다. 『대학연의』라는 제왕학 텍스트를 쓴 송나라 학자이자 정치가 진덕수는 이 흠명문사 넉 자를 다음과 같이 풀어냈다. 이는 앞으로 『논어』를 제대로 풀어가는 데도 많은 시사를 던져준다는 점에서 꼭 주목해둬야 한다.

> (이 넉 자는) 요임금의 제왕다움[德]을 말하는 것입니다. 흠(欽)이 란 삼가지[敬] 않음이 없다는 뜻이고 명(明)이란 환하게 밝히지 않음 이 없다는 뜻이며, 문(文)이란 (꽃부리) 안에 잠재되어 있던 것을 밖 으로 멋지게 드러내 보여주는 것[英華之發見]이고 사(思)는 뜻하고 생각하는 바가 깊고 멀다는 것입니다.

경어체인 이유는 『대학연의』란 책이 진덕수가 송나라 황제에게 직접 제왕학을 가르치기 위해 경서(經書)와 사서(史書)를 인용한 다음 그것을 풀어낸 것이기 때문이다. 진덕수에게 『대학』은 곧 제왕학이 다. 다시 본론이다. 여기서 진덕수는 명확하게 "문(文)이란 (꽃부리) 안에 잠재되어 있던 것을 밖으로 멋지게 드러내 보여주는 것[英華之發見]"이라고 말하고 있다. 물론 그보다 좋은 말이 있으면 양보하겠 지만 현재로서 이를 나타낼 수 있는 적합한 우리말은 내가 볼 때 곧 열렬하게 애쓰는 것이다.

학이시습지(學而時習之), 애씀을 배워서 시간 나는 대로 그것을 익힌다는 말이다. 이로써 그것[之]에 대한 궁금증도 풀렸고 따라서 학이시습지는 거의 파악됐다. 남은 것은 주어, 즉 누가를 찾아내면 된다. 한마디로 군자(君子), 즉 군주가 주어다. 군주 된 자 혹은 군주가 되고자 하는 자가 바로 학이시습지의 주어다. 그렇게 되면 이제 불역열호(不亦說乎), 즉 '진실로 기쁘지 않겠는가?'와 연결 지어 풀 수 있는 마지막 단계에 이르렀다.

군주란 그 나라의 규모가 크건 작건 모든 권력을 장악한 사람이다. 가장 경계해야 할 것은 무엇일까? 교만[驕]이다. 이만하면 됐다는 어설픈 만족감이다. 이런 사람들은 새로운 것을 배우려 하지 않고 당연히 익히려 하지도 않는다. 귀찮고 번거롭고 지겹기 때문이다. 이렇게 되면 문제는 더 이상 나아가려 하지 않는 지도자에게는 새로운 길을 인도해줄 스승과 같은 신하[師臣]가 가까이 갈 수 있는 여지가 없다는 사실이다. 앞으로 나아가기를 멈춰버린 지도자에게 꼬이는 것은 아첨하는 신하[佞臣]뿐이다. 이 같은 기로에서 다시 한 번 음미해보기를 바란다.

"(뛰어난 옛사람들의 애씀이나 애쓰는 법을) 배워서 시간 나는 대로 그것을 익히니 진실로 기쁘지 않겠는가?"

결론이다. 지도자가 바로 이런 기쁜 마음을 진심으로 가질 때라야 새로운 길을 열어 밝혀줄 수 있는 스승과 같은 신하가 곁으로 나아올 수 있다. 이 구절의 최종적인 핵심 메시지는 겸손한 마음가짐[謙]이다.

배우려는 마음은 겸손함에서 나온다

옛 사람들이 배움[學]을 곧바로 겸손과 연결했던 사례는 쉽게 찾을 수 있다. 『태종실록』 태종 1년(1401년) 1월 14일자 기록에 의하면 조선 초의 대표적인 유학자 권근은 태종 이방원이 배움에 소홀히 하자 글을 올렸는데 그중에 이런 대목이 있다.

전하께서는 타고난 성품이 특출나고 밝으시며[英明] 배우고 묻는 바가 정밀하면서 넓으시니[精博] 유학을 공부한 신하가 진강(進講)하는 것이 어찌 능히 제대로 더 일깨워주고 밝혀주는 바가 있겠습니까? 그렇지만 경연에 나오시어 정신을 한데 모아[凝神] (옛 경전들을) 깊이 읽고 끝까지 파고드신다면 마음속에 의로움과 이치[義理]가 밝게 드러나 반드시 편안히 거처하시면서 아무것도 하지 않으실 때나 정사를 듣느라 바쁜 일이 많으실 때와는 반드시 다른 바가 있을 것입니다. (그렇다면) 제왕의 배움이 어찌 이로 말미암아 더욱 나아가지 않겠습니까? 또 진강하는 신하들이 비록 모두 용렬한 유자[庸儒]이지만 전하께서 배움이 있다고 일컫는 자들이니 윤번(輪番)으로 교대하여 나아와 (전하께서) 나아와 머무시는 것을 기다리다가 아무런 반응

이 없으시어 물러간 것이 여러 번이오니 유자를 높이고 배움을 향하
는 뜻이 너무 가볍지 않겠습니까? 옛날에 부열(傅說)[88]은 고종(高宗)
에게 아뢰기를 '생각건대 배움은 뜻을 공손히 하는 것입니다[遜志]'라
고 했습니다. 엎드려 바라옵건대 하늘이 내려준 자질의 밝음[天資之
明]만 믿지 마시고 유신(儒臣)들이 고루하다고 말하지 마시고 날마다
경연에 나오시어 마음을 비우고 뜻을 공손히 하여 힘써 깊이 읽고 밝
히시어 감히 하루라도 혹 빠트리지 마시고 혹시 다른 연유가 있어 정
강해야 하는 날에도 마땅히 강관(講官)을 불러 보시고 얼굴을 마주하
여 일깨워주신 다음에 끝내도록 하소서.

이것은 고스란히 학이시습지(學而時習之) 불역열호(不亦說乎)에
대한 풀이임과 동시에 조선의 옛 학자나 군주들은 고전을 정확하게
읽어내고 있었음을 보여주는 장면이라 하겠다.

스승과 같은 신하, 한나라 무제와 동중서

한나라 무제는 경제(景帝)를 이어 기원전 141년에 황제의
자리에 올랐다. 이때 그의 나이 16세였다. 어려서부터 명민했고 포부
가 남달랐던 무제는 보위에 오른 이듬해인 기원전 140년 현량을 천

---

88) 은나라 고종 때의 뛰어난 재상이다.

거하라는 회의를 열었다. 이 자리에서 자신의 치국(治國) 청사진을 제시하고서 여러 사대부들에게 당대의 문제점을 기탄없이 진단해줄 것을 요청했다. 그리고 6년 후인 기원전 134년에 다시 현량을 천거하라는 회의를 연다.

무제가 즉위했을 때는 고조 유방을 기점으로 혜제(惠帝), 여후, 문제, 경제를 지나며 60년쯤 지났을 때였다. 조선의 경우 성종(成宗)이 이와 비슷한 때에 14세의 나이로 즉위했던 것과 비교가 된다. 성종은 기득권층에 안주하는 모습을 보임으로써 조선의 쇠퇴를 불러왔다는 점에서 무제와는 정반대의 길을 걸었다. 대한민국이 탄생한 지 70년을 바라보는 우리가 무제의 치국 대책에 주목해야 하는 이유이기도 하다.

무제는 하은주 삼대의 태평시대를 구현하겠다는 목표를 제시하고서 치국책을 널리 구했다. 사실 그에 앞서 문제도 좋은 정치를 펴기는 했지만 가의(賈誼)[89]가 보다 적극적으로 천하를 구제할 수 있는 정치를 시행할 것을 요구했을 때 소극적인 입장을 견지했다. 아직은 그럴 때가 아니라 불안정한 국내 정세를 안정시키는 데 힘을 쏟아야

---

89) 가태부(賈太傅) 또는 가장사(賈長史), 가생(賈生)으로도 불린다. 시문에 뛰어나고 제자백가에 정통하여 18세 때부터 문명(文名)을 떨쳤다. 문제의 총애를 받아 약관의 나이로 최연소 박사가 되었다. 이후 태중대부가 되어 진나라 때부터 내려온 율령과 관제(官制), 예악 등의 제도를 개정하고 전한의 관제를 정비하기 위한 많은 의견을 상주했다. 그러나 주발과 관영(灌嬰) 등 당시 고관들의 시기를 받아 장사왕(長沙王)의 태부(太傅)로 좌천되었다. 재주를 지니고도 불우한 자신의 운명을 굴원에 견줘 「복조부(鵩鳥賦)」와 「조굴원부(弔屈原賦)」를 지었다. 그 후 문제의 막내아들 양회왕(梁懷王)의 태부가 되었지만 왕이 낙마하여 급서하고 난 뒤 33세로 죽었다.

할 때라고 본 때문이었다. 실제로 이 같은 내치의 성공이 있었기에 무제의 보다 적극적인 문화 융성 및 대외 확장 정책이 가능했다고도 볼 수 있다. 그러나 그것은 절로 되는 것이 아니다. 통치자가 지혜로운 신하의 도움을 빌려 그것을 제대로 구현할 때 가능한 일이다.

동중서가 이 회의에서 "백가 사상을 퇴출시키고 오직 유학만을 존중할 것"을 강조하며 대책(對策)을 내놓았다. 무제는 동중서의 건의에 따라 숭유(崇儒)를 구체화하기 위해 오경박사(五經博士)를 두었다. 특히 2차 회의에서는 공손홍이란 인물이 무제의 신임을 얻어 평민의 신분에서 관리로 뽑혔고 훗날 승상의 자리에 올라 후(侯)에 봉해졌다. 이것은 최초의 일이다. 유학에 뛰어나다는 이유만으로 흙수저가 금수저가 됐다는 것은 실로 대단한 파격이었다. 그로 인해 너도 나도 출세를 위해 유학 공부에 뛰어들어 유학 열풍이 불게 됐음은 쉽게 상상할 수 있다.

이로 인해 유학은 국가의 지도적인 사상으로 자리 잡았고 국립대학이 설립돼 오경의 학습이 체계적으로 이루어지면서 국가 관료 집단이 형성됐다. 신분이 아니라 학문 수련이 출세의 밑받침이 될 수 있다는 사실만으로도 한나라의 역동성은 크게 제고됐다.

유학자로서 동중서의 가장 특색 있는 이론은 흔히 천인감응설(天人感應說)로 불린다. 보는 입장에 따라 황제의 권위를 하늘을 빌려 정당화했다고 보기도 하지만 또 다른 시각에서 보자면 하늘의 권위를 빌려 황제의 무소불위 권력을 제한하려는 방법이었다고 볼 수도 있다. 동중서는 "임금다운 임금[王者]은 하늘의 뜻을 받들어 정치를

행해야 합니다. 그렇기 때문에 다움과 교화[德化]의 힘을 통해 다스
릴 뿐 형벌에 의지하지 않습니다"라고 강조했다. 즉 황제의 자의적인
권력 행사를 하늘과 덕치(德治)의 힘을 빌려 제한하러 한 것이다. 중
요한 것은 적어도 재위 초기의 무제는 동중서의 이 같은 제안을 적
극적으로 받아들였다는 점이다. 그것은 곧 무제가 동중서를 스승과
같은 신하[師臣]로 받아들였다는 뜻이다. 동시에 문제는 가의의 건
의를 좋다고만 여겼지 그것을 실행으로 옮기지 않았다는 점에서 가
의를 스승과 같은 신하로 받아들였다고 할 수가 없다.

그러나 무제와 동중서의 만남은 유종지미(有終之美)를 거두지는
못했다. 나라를 크게 번성시킨 무제는 동시에 지나친 대외정벌 사업
과 진시황 못지 않은 불로장생 추구로 백성들을 크게 힘들게 했다가
말년에 이르러서야 이런 점들을 반성했다.

동중서 또한 중앙의 고위직에는 오르지 못한 채 오히려 공손홍의
견제 속에 제후왕의 승상으로 사실상 좌천됐다. 특히 교서국(膠西
國)의 승상으로 있을 때 고조의 사당에 화재가 일어나자 그것을 천
인감응설에 입각해 진단하는 글을 쓴 적이 있는데 그것을 위에 올
리지 않고 두었다. 그런데 역경(易經) 박사인 주보언(主父偃)이 그것
을 훔쳐다가 자신의 글인 양 위에 올렸다. 그런데 조정에 있던 동중
서의 한 제자는 그것이 자기 스승의 글인 줄도 모르고 '불경스러운
내용'이라고 탄핵했고 이에 무제는 동중서에게 사형을 명했다. 다행
히 사면령이 내려져 목숨은 건졌다.

이처럼 비록 끝은 아름답지 못했지만 초기에 두 사람의 스승과 제

자 같은 관계가 없었다면 한나라 무제는 그저 평범한 제왕으로 머물 렀을지도 모른다. 그만큼 스승과도 같은 신하[師臣]를 곁에 두려는
_{사신}
겸손한 마음가짐[謙]은 제왕의 제왕다움에 큰 영향을 미칠 수 있다
_겸
는 사실만은 예나 지금이나 다르다 할 수 없을 것이다.

뜻을 같이하는
벗을 구하라

리더는 간언(諫言)에 귀를 열어야 한다

『논어』 책을 열고서 학이시습(學而時習) 불역열호(不亦說乎)를 어렵사리 넘으면 '유붕자원방래(有朋自遠方來) 불역낙호(不亦樂乎)'를 만나게 된다. 강의를 하면서 이게 무슨 말이냐고 하면 대부분 익히 알고 있다는 듯이 큰 소리로 대답한다.

"벗이 있어 먼 곳에서 찾아오니 이 또한 기쁘지 아니한가!"

과연 그럴까? 공자가 과연 그런 뜻으로 한 말일까? 그런 정도의 말인데『논어』라는 책의 서두에서 두 번째 자리를 차지할 수 있을까? 그럴 경우 다시 물어본다.

"그러면 가까이에서 늘 만나는 벗이 오면 기뻐하지 말라는 뜻인가요?"

"기껏 공자가 가까이에 있는 벗과 멀리서 찾아온 벗을 차별해서 대우하라는 말일까요?"

그때서야 상황을 눈치챈 청중들은 웅성웅성한다.

먼저 우(友)가 아니라 붕(朋)이다. 붕은 벗들 중에서도 뜻을 같이 하는 벗[同志之友]을 말한다. 그 뜻은 열렬하게 애씀[文]을 배워 그것을 틈날 때마다 내 것으로 만드는 것을 싫어하지 않고 진심으로 좋아하는 것이다. 그런 뜻을 함께하는 벗이 바로 붕이다. 임금과 신하의 관계에 적용해서 말하면 임금으로부터 충분한 신뢰를 받는 사람이 바로 붕이다.

그런 붕이 원(遠)에서 온다? 이건 또 무슨 뜻일까? 임금은 권력을 갖고 있기 때문에 측근, 근신(近臣), 후궁 그리고 친족들에게 둘러싸이기 마련이다. 일반 백성들의 공적인 의견이나 비판적인 견해를 들을 기회가 거의 없다. 바로 이럴 때 그냥 그런 신하[具臣]90)가 아니라 뜻을 같이 하는 붕신(朋臣)이 있어 그가 그런 쓴 소리, 비판, 공적인 의견을 듣고 와서 가감 없이 전하고, 임금은 성내지 않고 오히려 평소 듣기 어려운 이야기를 해주는 것에 진심으로 즐거워하는 표정을 짓는다면 신

---

90) 『논어』 선진 편에 나오는 말이다. 계자연(季子然)이 공자에게 물었다. "중유와 염구는 대신이라고 이를 만합니까?" 공자는 말했다. "나는 그대가 남과는 다른 빼어난 질문을 하리라고 생각했었는데 기껏 유(자로)와 구(염유)에 관한 질문을 던지는구나! 이른바 대신이란 것은 도리로써 군주를 섬기다가 더 이상 도로써 섬기는 것이 불가능해지면 그만두는 것이다. 지금 유와 구는 숫자나 채우는 신하라고 이를 만하다." 이에 계자연은 "그렇다면 두 사람은 따르는 사람입니까?"라고 묻는다. 공자는 말했다. "아버지와 군주를 시해하는 것은 또한 따르지 않을 것이다."

하들은 맘껏 그 쉽게 하기 어려운 이야기들을 임금에게 전달할 수 있다. 임금이 조금이라도 즐거워하지 않는 표정을 지으면 제아무리 신뢰를 받는 신하라도 귀에 거슬리는 이야기를 감히 하기 쉽지 않다.

정리하자면 학이시습(學而時習) 불역열호(不亦說乎)는 임금에게 스승 같은 신하[師臣]가 있어야 한다는 말이고 유붕자원방래(有朋自遠方來) 불역낙호(不亦樂乎)는 임금에게 뜻을 같이하는 벗과 같은 신하[朋臣]가 있어야 한다는 말이다. 이 둘은 모두 임금의 겸손한 마음[謙]을 요구하고 있다.

리더에게 벗과 같은 부하는 가능한가

세조 4년(1458년) 9월 16일 의정부에서 하동부원군(河東府院君) 정인지(鄭麟趾)[91]를 처벌할 것을 아뢰었다. 이유는 전날 술자리에서 임금인 세조에게 "너[爾]"라고 했다는 것이다. 이미 그 전에도 과감한 직간(直諫)으로 문제가 된 바 있었기 때문에 임금을 향해 "너"라고 한 것은 아무리 만취 상태였다 해도 죄를 벗기가 어려웠다. 불경(不敬)은 물론이고 임금을 업수이 여긴 무군(無君)의 죄에 해당하기 때문이다. 그러나 정승까지 지낸 훈구공신 정인지를 처벌하기는 힘들었다. 1년 넘게 정인지에 대한 처벌을 요구하는 상소가 올라왔지만 결국 이 건은 직첩을 회수했다가 다시 돌려주는 선에서 마무리됐다. 참고로 나이는 정인지가 1396년생, 세조가 1417년생이니 정

인지가 21세나 많았다. 나이로만 보면 정인지는 세조에게는 벗 같은
신하가 아니라 스승 같은 신하라 할 수 있다. 그러나 두 사람은 세종
말년에 함께 각종 도서 편찬 작업을 하면서 벗과 같은 뜻을 나눈 바
있었기에 우정의 의미 또한 있었을 것이다. 그러나 정인지는 그런 마
음을 버리지 못해 여러 차례 목이 날아갈 뻔했다.

태조 이성계에게는 성석린(成石璘)[92]이라는 벗과 같은 신하가 있
었다. 실록은 그에 대해 이렇게 말하고 있다.

---

91) 1446년 집현전 대제학으로서 세종의 뜻을 받들어 훈민정음 창제에 참여하였고 훈민정
음 서문을 찬진하였다. 1447년에는 이조판서 겸 지춘추관사가 되어 『태조실록』을 증수
(增修)하였고, 1451년에는 김종서 등과 함께 『고려사』를 개찬(改撰)하였고 이듬해에는
『고려사절요』를 편찬하였다. 1452년(단종 즉위년) 병조판서가 되어 병정(兵政)을 관장
하면서 단종을 보필했으나, 그의 강직함을 꺼린 황보인, 김종서의 배척을 받아 판중추원
사로 체직되었다. 1453년 수양대군(세조)이 주도한 계유정변이 성공하자 정난공신 2등
에 책록되면서 하동부원군에 봉군되었다. 1458년에는 공신연(功臣宴)에서, 세조의 불서
간행을 반대한 일로 세조의 노여움을 사서 논죄되면서 고신(告身)이 몰수되었으나, 곧
환급받았다. 1459년에는 취중에 직간한 일이 왕에게 무례를 범했다고 논죄되면서 다시
고신을 몰수당하고 외방에 종편(從便)되었으나 그해에 다시 고신을 환급받고, 그 이듬
해 하동부원군에 복직되었다.

92) 이성계의 역성혁명에 참여하여 단성보절찬화공신(端誠保節贊化功臣)이 되었고 창성군
(昌成郡) 충의군(忠義君)에 봉해졌다. 태조가 즉위하자 문하시랑찬성사(門下侍郞贊成
事), 개성부판사(開城府判事)가 되었고, 이듬해 한성부판사를 지냈으며, 원종공신이 되
어 노비 3인, 토지 30결을 하사받았다. 정종이 즉위하자 익대공신(翊戴功臣)이 되었고,
문하우정승(門下右政丞)에 올랐다가 곧 좌정승이 되었다. 태종이 즉위한 후 좌명공신
(佐命功臣)이 되고 창녕부원군(昌寧府院君)에 봉해졌다. 1차 왕자의 난이 있은 뒤 태조
가 함흥으로 행차하여 머물렀는데, 태종이 여러 사자를 보냈으나 문안을 전달하지 못
하였다. 이에 성석린이 태조의 옛 친구로서 조용히 인륜의 변고를 처리하는 도리를 진
술하였고, 비로소 태조와 태종이 화합하게 되었다.

태조가 잠저(潛邸)에 있을 때로부터 석린을 가장 중히 여기더니, 왕위에 올라서는 대우함이 더욱 높아서 비록 임금의 마음에 기쁘지 않은 일이 있더라도 석린을 보면 마음이 풀리어 노여움을 그치고 말하면 반드시 들어주었다.

"말하면 반드시 들어주었다." 이런 신하가 바로 전형적인 붕신(朋臣)이다. 실록에는 나오지 않지만 야사집 『대동기문(大東奇聞)』에는 함흥차사(咸興差使)를 최종적으로 해결한 장본인이 성석린이라고 나온다. 1차 왕자의 난 이후에 태조 이성계는 그 일에 분노하여 고향인 함흥 옛집에 거처하고 있었다. 이방원은 여러 차례 사람을 보냈으나 아버지를 모셔오지 못했다. 이에 성석린이 오랜 벗이기도 하여 스스로 갈 것을 청해 함흥으로 갔다. 성석린은 과객 차림을 하고서 그 인근을 지나는 척했다. 태조가 이를 멀리서 알아보고서는 환관을 보내 그를 불러오게 했다. 태조와 마주한 성석린은 한참 동안 다른 이야기를 하다가 가만히 본론을 끄집어냈다. 그것도 직접 말할 수는 없어 인륜(人倫)의 도리에 대해 이런저런 이야기를 했다. 이것이 바로 태조의 입장에서 보자면 말 그대로 유붕자원방래(有朋自遠方來)다. 그러나 그는 결코 불역낙호(不亦樂乎)할 수 없었다. 오히려 성석린의 방문 의도를 알아차린 그는 낯빛이 변하며 말했다.

"네가 네 임금을 위해 비유를 끌어들여 나를 속이려 드는 것이냐?"

이에 성석린은 자신의 순수성을 믿어달라며 이렇게 말했다.

"만일 신이 과연 그런 의도라면 신의 자손 중에 반드시 눈이 먼 소경이 나올 것입니다."

이 말에 태조는 화를 가라앉히고 마침내 도성으로 돌아와 부자는 화해를 했다. 그런데 『대동기문』은 이 이야기를 다음과 같이 끝맺고 있다.

석린의 큰아들 지도(至道)는 소경이 됐고 둘째 아들 발도(發道)는 아들이 없었으며 지도의 아들 창산군(昌山君) 구수(龜壽) 및 그 아들은 모두 배 속에서 소경이 됐다.

결국 아무리 오랜 벗이었다고 해도 한 사람은 임금이 되고 한 사람은 신하가 될 경우 계속 벗과 같은 관계를 유지한다는 것은 어렵다고 할 수 있다. 결국 이는 오히려 언관(言官) 혹은 간관(諫官)의 역할에서 찾을 수밖에 없다.

직언, 약인가 독인가

사마천의 『사기』에 나오는 이야기다.

한나라 무제 때 급암(汲黯)[93]이 주작도위(主爵都尉-왕실에서 순임금의 제사를 주관하고 그 후손들에게 작위는 내리는 일을 맡았던 고위직)가 되어 구경(九卿)의 반열에 올랐다. 그의 간언은 황제의 안색을 범할 만큼 직간(直諫)이었는데[94] 한번은 황상이 글을 하는 유학자들을 초빙하려 하면서 말했다.

"나는 이러이러하고자 한다."[95]

이에 급암이 대답했다.

"폐하께서는 속으로는 욕심이 많으시면서 겉으로는 어짊과 의리를 베푸시겠다고 하십니다. 그렇게 해서야 어찌 요임금과 순임금의 다스림을 본받을 수 있겠습니까?"

황제는 화가 나서 낯빛까지 바뀌더니 서둘러 조회를 끝내버렸다. 공경(公卿)들은 모두 급암을 걱정했다. 황상은 조정을 나서면서 이렇

---

93) 무제 초에 알자(謁者)가 돼 하남 지역의 화재를 시찰했을 때는 제문(制文-황제의 명령서)을 고쳐 창고를 열어 이재민을 구휼했고, 외직으로 나가 동해(東海) 태수가 됐을 때는 형벌을 경감하고 정치를 간소하게 집행하면서 가혹하거나 지나치게 상세한 처결을 하지 않아 치적을 올렸다. 사람됨이 충간을 좋아하고 정쟁(廷諍)을 거침없이 제기했는데 무제가 속으로는 욕심이 많았지만 겉으로 인의(仁義)를 많이 베푼 것도 그의 힘이 컸다. 그래서 무제는 그를 두고 '사직을 지탱하는 신하'라 칭송했다. 승상 장탕(張湯)과 어사대부 공손홍 등을 문서로 장난을 쳐 법을 농간하는 법률 만능주의요 천자에게 아첨하는 영교지도(佞巧之徒)라 비난했다. 어떤 일로 면직돼 몇 년 동안 전원에서 보내다가 회양(淮陽) 태수가 되고 재직 중에 죽었다.

94) 임금을 섬기는 도리와 관련된 것으로 『논어』 헌문 편에 나오는 말이다. 자로가 임금을 올바르게 섬기는 길에 대해 묻자 공자는 말했다. "속이지 말고 안색을 범하더라도 간쟁하는 것이다."

95) 이 말은 어짊과 의리[仁義]의 정치를 행하고 싶다는 뜻이다.

게 말했다.

"너무도 심하구나, 급암의 꽉막힌 우매함[戇]이여!"

여러 신하들이 급암을 책하자[數=責] 급암이 말했다.
_{수 책}

"천자께서는 삼공(三公)과 구경을 두어 보필하는 신하로 삼으셨는데 어찌 아첨하여 천자의 뜻만 따라 하면서 폐하를 옳지 못한 곳에 빠지게 하겠소? 또 그런 지위에 있는 이상 자기 몸을 희생시키더라도 조정을 욕되게 해서야 되겠습니까?"

급암이 병에 걸리자 엄조(嚴助)가 급암에게 휴가를 내려줄 것을 청했다. 이에 황상이 말했다.

"급암은 어떤 사람인가?"

"급암에게 어떤 책임이나 자리를 맡기더라도 다른 사람보다 더 나을 것은 없을지 모릅니다. 그러나 나이 어린 군주를 보필할 경우 수성(守成)해낼 것이며 옛날의 맹분(孟賁)이나 하육(夏育)(-둘 다 옛날의 힘센 자였다) 같은 자라도 그의 마음을 빼앗을 수는 없을 것입니다."[96]

상이 말했다.

"그렇다. 옛날에 사직을 지켜내는 신하[社稷之臣]들이 있었는데 급암이 바로 그에 가까울 것이다."

그러나 결국 무제는 급암을 들어 쓰지 못했다. 진덕수는 『대학연의』에서 이 이야기에 대해 다음과 같이 평했다.

---

96) 이는 『논어』 태백 편에 나오는 증자(曾子)의 말을 살짝 응용한 것이다. 증자는 말했다. "육척의 어린 임금을 부탁할 만하고, 백리 되는 제후국의 흥망을 맡길 만하며, 국가의 위기 상황에 임해서는 (그 절개를) 빼앗을 수 없다면 이는 군자다운 사람입니다."

"급암의 곧음[直]을 무제는 사직을 지켜내는 신하에 가깝다고 보
았으면서도 결국은 제대로 쓰지 못한 반면 공손홍의 무리는 끝까지
총애하며 일을 맡겼습니다. 대체로 무제의 마음은 아첨하고 간사한
자[佞邪]는 자신에게 어울린다고 여겼을 뿐 그들이 결국은 황제의
병을 더 심하게 만든다는 것을 알지 못했고, (반대로) 충성스럽고 곧
은 자[忠直]는 자신을 배척한다고 여겼을 뿐 그들이 결국은 황제의
황제다움[德]을 이루어준다는 것을 알지 못했습니다."

흥미롭게도 무제와 급암의 이 사례는 우리 역사에도 등장한다. 태
종 4년(1404년) 5월 3일이다.

사간원에서 다시 노이(盧異)를 탄핵하니 명하여 전리(田里-고향)
로 내쫓았다. (사간원에서) 노이에게 상(上)을 향해 공손치 못한 말
을 하고 그것을 바깥사람들에게 떠들어 말한[揚言] 까닭을 물으니
노이가 이렇게 대답했다.

"내가 말한 것이 불손한 것이 아니라 곧게 말하는 것[直言]은 진
실로 간관의 직무다. 또 밖에 떠들어 말한 것이 아니라 다만 동료들
과 그것을 말한 것뿐이다."

조휴(曹休) 등이 소(疏)를 올려 말했다.

"좌정언 노이가 지존을 향해 함부로 고분고분하지 못한[不順=不遜]
말을 지어내었고 밖에다 대고 사람들에게 떠들었으니 청컨대 직첩
(職牒)을 거두고 저 해외(海外-먼 바닷가)로 물리쳐야 합니다. 우정언
신효(申曉)도 이를 거들어 말하였으니 마땅히 함께 죄를 주어야 합니다."

상이 이를 듣고서 노이를 불러 물어보니 이렇게 대답했다.

"옛날 소신(小臣)이 사관일 때 해주(海州)에 어가를 따라가서 [扈駕] 어리석은 속마음[衷]을 우러러 올렸더니 곧 아름답게 여기고 받아들여주심을 입었습니다. 이로 말미암아 감격하여 항상 남몰래 생각하기를 만일 언관이 되어 말해야 할 것이 있으면 앞뒤를 돌아보지 않고 남김없이 다 말해야겠다고 여겼습니다. 지난번에 말하고자 한 것은 다른 것이 아니라 상께서 실질적인 다움(을 닦는 것)에는 힘쓰지 않으시고 겉으로만 어짊과 의로움[仁義]을 다 갖춘 양 꾸미신다는 것이었습니다. 이신(李伸), 김보해(金寶海) 등이 여색(女色)을 바쳐 전하를 속였는데도 일찍이 죄를 받지 않아 죄를 청하려고 그랬던 것입니다. 썩은 참외의 비유와 남의 처첩을 빼앗았다는 말은 신이 한 발언이 아닙니다. 효(曉)의 경우에는 이에 참여하지 않았으니 그것은 들은 자가 잘못 들은 것일 뿐입니다."

그러고는 드디어 (이번 일의) 본말(本末)을 끝까지 다 말하니 상이 말했다.

"네가 이와 같이 할 말이 있었으면 어찌하여 날 찾아와 진달하지 않고 사사로운 자리에서 말했느냐?"

노이가 대답했다.

"신은 사사로운 자리에서 말한 것이 아니라 단지 동료들과 더불어 원의(圓議)[97]에서 말했을 뿐입니다."

---

97) 대간(臺諫)이 비밀리에 풍헌(風憲)에 관계되는 일이나 탄핵에 관계되는 일 또는 배직(拜職)한 사람의 서경(署景)을 의논하는 것을 말한다. 완의(完議)라고도 한다.

상이 말했다.

"옛날에 백이(伯夷)와 숙제(叔齊)는 주나라에 벼슬을 하지 않았다. 너는 분명 백이, 숙제와 같은 뜻을 갖고 있어 이런 말을 했을 것이다. 지금 마땅히 전리로 돌아가게 해주겠다(-태종의 말은 노이가 처음부터 자신의 즉위 과정을 부정적으로 보고 있었던 것이 아니냐는 것이다)."

노이가 말했다.

"신의 죄는 주살에 해당되건만 전리로 돌아갈 수 있게 해주시니 은택이 지극히 두텁습니다. 그러나 신이 백이, 숙제와 같은 마음이 있었다면 마땅히 일찍이 물러났지 어찌 오늘에 이르렀겠습니까? 간관이 되어서 한 번도 미미한 충성[微忠]이나마 바치지 못하고 갑자기 전리로 돌아가게 되니 이것이 한스럽습니다."

상이 말했다.

"너의 이런 말을 들으니 나 또한 슬프구나. 눈앞에서 오랫동안 일을 맡겼던 사람을 하루에 내치니 어찌 슬프지 않겠는가?"

신효는 집에 머물러 있으라고 명하고 그 소(疏)는 (궁중에) 머물러 두고 (해당 부서에) 내려보내지 않았다. 좌헌납 박초(朴礎)가 대궐에 나아와 말씀을 올렸다.

"노이는 죄가 무거운데 벌이 가볍고 효는 이와 죄가 같은데 벌이 다릅니다."

상이 말했다.

"이가 말한 바는 근거 없는 일이 아닌데 어떻게 죄를 주겠는가? 다만 이가 사관 때부터 오늘에 이르기까지 가까이에서 나를 모신 지가 이미 오래인데 나에 대해 평하기를 '겉으로는 옳은 척하고 속은 그르다[外是而內非]'고 했으니 내가 이를 가려보려고 했다. 그러나 내가 (실제로) 다움이 없기 때문에 그렇게 말한 것일 뿐이다. 급암이 한 무제에게 '안으로는 욕심이 많으면서 겉으로는 어짊과 의로움을 베푸는 척한다'고 했는데 무제의 웅대한 재주[雄才]와 큰 계략[大略]은 내가 미칠 바는 못 된다. 그렇지만 진정 급암과 같은 신하가 있으니 그것으로 충분하다."

노이는 고향으로 돌아갔고 더 이상의 처벌은 받지 않았다. 그러나 급암과 마찬가지로 더 이상 벼슬살이를 하지도 못했다. 벗과 같은 신하[朋臣]는 그만큼 어려운 것인지 모른다.

『논어』 첫 머리에 나오는 학이시습(學而時習)과 유붕자원방래(有朋自遠方來)의 의미를 깊이 생각하며 『서경』 '상서(商書) 중훼지고(仲虺之誥)'에서 재상 중훼가 탕왕에게 했다는 다음과 같은 말을 음미해보기 바란다.

"능히 스스로 스승을 얻는 자는 (임금다운) 왕이 되고 다른 사람들이 자기보다 못하다고 말하는 자는 망한다. 묻기를 좋아하면 여유가 있고 자기의 지혜만을 고집하면 작아진다."

能自得師者王 謂人莫己若者亡 好問則裕 自用則小

202

4장
_____

섬기는 자의
옳은 자세

사안에 적중하여
오래 유지하라

정승과 판서의 위세

한 시대의 정승이 어떤 사람이었는지를 살피는 것은 동시에 그 당시 국왕의 지인지감(知人之鑑)의 수준과 안목을 볼 수 있다는 점에서도 대단히 중요하다. 실패한 임금 광해군 11년(1619년) 3월 5일 『광해군 일기』에는 아주 흥미로운 노래 가사 하나가 실려 있다.

사삼각로권초중(沙參閣老權初重)
잡채상서세막당(雜菜尙書勢莫當)

우선 뜻을 풀어보면 '사삼 각로의 권력이 처음에는 무겁더니/잡채 판서의 세력을 당해낼 수가 없구나'라는 뜻이다. 각로는 정승, 상서는 판서다. 사삼 각로란 사삼(沙蔘-더덕)으로 밀병을 잘 만들어 임금에게 바쳤던 정승 한효순(韓孝純)을 말하고 잡채 상서란 잡채(雜菜-혹은 김치)를 잘 만들어 광해군의 입맛을 사로잡은 호조판서 이충(李沖)을 가리킨다. 한마디로 더덕 정승과 김치 판서의 권력투쟁에서 김치 판서가 이겼다는 뜻이다.

먼저 한효순은 임진왜란 때 이순신 장군과 함께 수군 강화에 많은 기여를 했고 선조 때 이조판서에 올랐다. 당색은 그리 강하지 않아 광해군 때에도 이조판서와 우의정을 거쳐 좌의정에 올랐다. 이듬해인 광해군 9년(1617년) 북인의 실력자 이이첨(李爾瞻, 1560~1623년)이 주도한 인목대비 폐모론(廢母論)이 제기되자 소극적으로 관망하며 사직을 청했는데 강경 폐모론자들은 이를 문제 삼아 처벌을 주장했으나 광해군은 받아들이지 않았다. 그런데도 한효순은 인조반정이 일어나자 폐모론에 가담한 자로 분류돼 관직이 추탈됐고 조선이 망하기 직전인 1908년에야 겨우 신원됐다. 아마도 이런 엉거주춤한 입장으로 인해 실록에서 비판적으로 묘사됐는지 모른다. 아무리 그래도 '더덕' 정승은 참으로 그에게는 모욕적이라 여겨진다. 당쟁 격화 시대를 살아야 했던 온건 합리적 성품의 관리라면 흔히 당할 수밖에 없는 시대의 단면이기도 하다.

이충은 효령대군의 후손이자 이량(李樑)의 손자로 광해군 8년(1616년) 형조판서를 거쳐 호조판서에 올랐는데 그가 죽었을 때『광해군 일기』는 지극히 부정적으로 묘사하고 있다.

"이량의 손자로 사론(士論)에 버림받은 자인데 외척과 혼인을 맺

206

어 궁궐과 결탁했으며 흉악한 무리에게 붙어서 현직에 통망(通望)되어 높은 품계로 뛰어올랐다. 위인이 흉험하고 탐욕스러운 데다 포학하여 사람의 목숨을 한 포기 풀이나 다름없이 여겼는데 일찍이 배에서 갓난아기가 우는 소리를 듣고는 그 아기를 강에다 던져버리기도 했다. 그는 진기한 음식을 만들어 사사로이 궁중에다 바치곤 했는데 왕은 식사 때마다 반드시 이충의 집에서 만들어 오는 음식을 기다렸다가 수저를 들곤 했다."

실은 아무리 음식을 맛있게 해도 판서의 권세가 정승의 권력을 이길 수는 없다. 그러나 조선은 중기 이후부터 당쟁이 자리 잡으며 당파의 실력자가 조정의 품계를 뛰어넘어 권력을 행사하는 일들이 비일비재했다. 그만큼 비정상적인 때였다고 할 것이다.

무엇이 '정승감'과 '판서감'을 가르는가?

정승은 한 글자로 상(相)이다. 정승을 승상(丞相)이라고도 했고 상국(相國)이라고도 했고 재상(宰相)이라고도 했다. 따라서 상(相)을 빼고서는 정승을 이야기할 수 없을 정도다.

상(相)은 일차적으로 돕는다는 뜻이다. 글자 자체가 장님에게 눈의 역할을 대신하는 지팡이를 나타낸다. 임금을 도와 길을 열어가는 것이 상, 즉 정승이다. 더불어 상은 살펴본다는 뜻이 있다. 사람을 보는 것을 상인(相人), 땅을 살피는 것을 상지(相地), 말을 알아보는 것을 상마(相馬)라고 한다. 정승은 임금을 도와 인재를 가려서 적재적소에 쓰는 일을 하는 사람이다. 따라서 예로부터 사람을 제대로 볼 줄 모르는 사람은 정승이 될 수 없었다. 물론 이는 정승을 고르는 임금이 정상적이고 뛰어날 때에만 해당하는 이야기다.

그래서 왕조 시대에는 "저 사람은 정승감"이라고 하는 것은 최고의 지도자감이라고 하는 극찬에 가까웠다. 그릇이 커서 남을 품어줄 줄 알고 한쪽으로 편벽돼 있지 않으며 여러 사람의 이야기를 다들어주는 열린 귀를 갖고 있다는 뜻이다. 반면에 "저 사람은 판서감"이라고 하는 것은 사실상 정승감이 안 된다는 욕에 가까운 말이다. 즉 강직하되 융통성이 없고 머리는 뛰어나고 학식은 많은데 겸손하지 못해 자기주장만 강한 사람들에게 하던 말이다. 우리 역사 속의 조광조(趙光祖)나 이이(李珥)는 아무리 보아도 정승감보다는 판서감에 가깝다. 판서감이 정승이 됐을 경우에는 아무래도 제명대로 살기 어려운데 김종서가 어쩌면 여기에 해당하는지 모른다. 이런 점에서도 임금의 지인지감(知人之鑑)은 어떤 정승을 고르느냐에서 가장 잘 발휘된다고 할 수 있다. 실은 그때가 임금의 고민이 가장 깊은 순간이기도 하다.

한나라 경제는 문제의 아들로 한나라의 문경치세(文景治世)를 이룩한 뛰어난 임금이다. 그만큼 인물을 잘 볼 줄 알았던 황제라 할 수있다. 조정에 승상 자리가 비게 되자 어머니인 두태후(竇太后)는 여러 차례에 걸쳐 위기후(魏其侯) 두영(竇嬰)을 천거했다. 자신의 사촌 오빠의 아들이기는 하지만 그런 친척 관계 때문은 아니었다. 『한서』

'두영전(竇嬰傳)'이 전하는 그의 모습의 일부다.

장면 1

효경(孝景-경제)이 즉위하자 (두영은) 첨사(詹事)가 됐다. 제(帝-경제)의 동생 양나라 효왕(孝王)은 어머니 두태후에게 사랑을 받았다. 효왕이 조회하니 그 기회에 형제의 만남을 축하하는 주연이 베풀어졌다. 이때 상은 아직 태자를 세우지 않았기에 술자리가 무르익자 상은 조용히 효왕에게 이렇게 말했다.

"천추(千秋) 만세(萬歲) 후에 (제위를) 왕에게 주겠노라."

천추 만세 후란 곧 자신이 죽은 후를 뜻한다. 태후는 매우 기뻐했다. 이때 두영이 일어나 술잔을 들어 상에게 올리며 말했다.

"천하란 고조(高祖)의 천하로 부자간에 서로 전하는 것이 한나라의 약속인데 상께서는 무슨 근거로 양왕에게 전하실 수가 있는 것입니까?"

태후는 이 때문에 두영을 미워했다.

장면 2

효경 3년(기원전 154년)에 오(吳)와 초(楚)가 반란을 일으키자 상이 종실(宗室)과 여러 두씨(竇氏)들을 살펴보니 두영만큼 뛰어난 사람이 없어 그를 불러 만나보았으나 굳게 사양하면서 병으로 인해 임무를 맡기에 부족하다고 했다. 태후도 역시 부끄러워했다. 이에 상이 말했다.

"천하가 바야흐로 위급한데 왕손(王孫)이 어찌 겸양만 부리는가?"

마침내 두영을 제배해 대장군(大將軍)으로 삼고 황금 1천 근을 내려주었다. 두영은 원앙(袁盎), 난포(欒布) 등 여러 명장과 뛰어난 이들 중에서 집에 머물고 있는 자들을 천거해 벼슬에 나아오게 했다. 하사받은 금은 모두 행랑에 진열해두고 군리(軍吏)들이 지나갈 때마다 각자가 알아서 가져다 쓰게 했고 자기 집에는 조금도 가져가지 않았다.

두영은 형양(滎陽)을 지키며 제(齊)와 조(趙) 지역의 군사들을 감독했다. 7국의 군대가 이미 격파되자 두영을 봉해 위기후로 삼았다.

장면 3

(효경) 4년(기원전 153년)에 율(栗)태자를 세우고 두영을 부(傅)로 삼았다. 율태자가 폐위될 때 두영은 간쟁하였으나 뜻을 이루지 못하자 병을 핑계로 관직에서 물러나 남전(藍田)의 남산(南山) 기슭에서 몇 달간 숨어 지냈다. 여러 두씨와 빈객과 변사(辯士)들이 찾아가 설득했으나 그를 돌아오게 할 수 없었다. 양(梁)나라 사람 고수(高遂)가 이에 두영을 설득해 말했다.

"능히 장군을 부귀하게 할 수 있는 분은 황제이고, 능히 장군을 친하게 할 수 있는 분은 태후이십니다. 지금 장군께서는 태자의 스승으로 태자가 폐위될 때 제대로 쟁론을 벌이지 못했고 (쟁론을 벌였으나 뜻을 이루지 못했는데) 또 죽지도 못했습니다. 그러고서 스스로 병을 핑계로 조나라 미인을 옆에 끼고 한가로운 곳으로 물러 나

210

와 조회에도 참가하지 않고 계십니다. 그러면서 원망과 분노를 더해 가며 온 천하에 나타내고 있으니 이는 임금의 허물을 드러내는 것입니다. 만일 양궁(兩宮-황제와 태후)께서 장군에게 화가 나시게 되면 (장군의) 처자식 중에 살아남을 자는 없게 될 것입니다."

두영은 그 말이 옳다고 여겨 마침내 몸을 일으켜 예전처럼 조회에 참석했다.

이 정도면 누가 보아도 반듯하다. 그런데 태후의 요청에 엄정한 성품의 경제는 이렇게 말했다.

"태후께서는 어찌 신(臣)이 위기(魏其)를 승상에 쓰는 것을 아까워서 그런다고 여기십니까? 위기는 경박하고 자만하여 쉽게 자기 마음대로 이랬다저랬다 하기 때문에 승상으로서 막중한 위엄을 지키기에 어렵습니다."

경박, 자만 그리고 자기 마음대로 이랬다저랬다 하는 것은 판서감은 될지언정 정승감은 아니었던 것이다.

'오래 유지하는 것'이 관건이다 : 조선 세종과 조말생

조말생은 태종 초에 문과에 장원급제하여 태종과 세종 시대를 살았던 최고의 엘리트 관료다. 이미 태종 때 비서실장격인 지신사(知申事)를 지냈고 세종이 즉위할 때 형조 및 병조판서를 지냈다.

따라서 세종의 재위 기간 중에 잠시라도 3정승 중에 가장 낮은 우의 정이라도 지냈어야 하는데 그의 이력에 정승은 없다. 대신 일종의 상 원격인 중추원의 동지사, 지사, 판사, 영사만 지냈다. 한마디로 실권 이 없는 한직이다. 조말생은 세종 8년(1426년)에 뇌물죄에 걸려 좌천 된 적이 있다. 흥미롭게도 『세종실록』 조말생 졸기(卒記)는 그가 정 승에 오르지 못한 까닭을 뇌물죄 때문이라고 적고 있다.

"말생은 기개와 풍도가 넓고 컸으며[幾度恢洪] 일을 처리함에 너

그럽고 두터워[處事寬厚] 태종이 소중한 그릇으로 여겼으나, 옥에 티(뇌물죄)가 신상에 오점(汚點)이 되어 끝끝내 국무대신이 되지 못 했다."

국무대신, 즉 정승이 되지 못한 점이 조말생에게 천추의 한이 됨 을 졸기도 인정하고 있다는 뜻이다. 그런데 사람됨이 "넓고[恢] 크며 [洪=弘] 일 처리가 너그럽고[寬] 두터웠다[厚]"면 그것이야말로 타 고난 정승감이다.

사실 이 질문, 즉 "왜 세종은 조말생을 정승으로 삼지 않았을까?" 는 "왜 태조는 정도전을 정승으로 삼지 않았을까?"만큼이나 흥미로 운 문제 제기다. 게다가 태종에서 세종으로 권력이 이양되던 시기에 줄곧 병조판서를 맡아 병권을 쥐었던 인물이 바로 조말생이다. 사실 조말생은 아버지의 신하였다. 그럼에도 세종은 『논어』에 나오는 다 음 두 구절을 명심했기에 8년 내내 조말생을 병조판서에 그대로 두 었다.

첫째는 학이 편에 나오는 공자의 말이다.

"아버지가 돌아가신 경우에는 그 행실을 깊이 살펴보아 3년이 지나
도록 아버지의 뜻을 조금도 잊지 않고 따른다면 그것은 효라고 이를
만하다."(학이 11)

父沒 觀其行 三年無改於父之道 可謂孝矣
부 몰 관 기행   삼년 무개 어 부지도   가위 효 의

세종은 태종이 세상을 떠나고 4년이 지나도록 아버지의 뜻을 따
랐던 것이다.

둘째는 미자 편에 나오는 말로 주공이 아들 노공(魯公)에게 유언
을 한 것인데 특히 세종이 깊이 마음에 새겼던 내용이다.

"참된 군주는 그 친척을 버리지 않으며, 대신으로 하여금 써주지
않는 것을 원망하지 않게 하며, 선대왕의 옛 신하들이 큰 문제[大故]
                                                            대고
가 없는 한 버리지 않으며, 아랫사람 한 사람에게 모든 것이 다 갖춰
져 있기를 바라지 않는다."(미자 10)

君子不施其親 不使大臣怨乎不以 故舊無大故則不棄也 無求備
군자 불시 기친 불사 대신 원 호 불이   고구 무 대고 즉 불기 야   무구 비
於一人
어 일인

그런데 왜 세종은 결국 조말생을 정승의 자리에 올리지 않았던 것
일까? 그 해답은 『세종실록』 세종 8년 3월 7일자 기사에 담겨 있다.

"옛날에 오랫동안 정권을 잡고 있으면 안 된다는 말을 한 사람이
있었는데, 이제 생각하니 이해가 간다. 대체로 모든 관원을 임명함
에 있어서, 임금이 그 사람을 알지 못하기 때문에 정무를 맡은 대신

에게 이를 맡기는 것이요, 대신이 사람을 쓰는 것은 반드시 과거부터 알던 사람을 쓰게 되는 것이다. 그러므로 정무를 오래 잡으면 아무리 마음을 정직하게 가지는 사람일지라도, 남들이 반드시 그가 사사로운 정실을 행사한다고 의심할 것은 자연스러운 이치이다. 지신사로부터 병조판서까지 10여 년간이나 오랫동안 정무를 잡은 사람으로는 조말생처럼 오래된 사람이 없더니 과연 오늘과 같은 사건이 발생하고 말았다."

단순 뇌물죄로 본 것이 아니라 사사로이 자기 권력을 행사했다고 본 것이다. 정승은 임금을 돕는 자일 뿐 임금을 대신할 수 없다. 최고 통치권자의 역린(逆鱗)을 건드려서는 안 된다. 조말생은 적중하는 데는[中] 성공했으나 오래 유지하는 데[庸] 실패한 것이다.

공로를 떠벌려
자랑하지 말라

오직 우리 임금의 다움 덕분이라고 하라!

: 유향의 『열녀전』과 하륜의 지혜

국내에 번역된 『열녀전(列女傳)』(글항아리, 2013)이라는 책이 있다. 조선 시대 지조의 여인들을 가리키는 열녀(烈女)와는 다른, 고대 중국의 뛰어난 여러 여인들 이야기다. 한나라 유향이라는 유학자가 지은 책인데 한마디로 말해 사람을 알아보는 훈련서로 몇 안 되는 책이다.

거기에 진(晉)나라 범헌자(范獻子)의 아내 이야기가 나온다. 그의 세 아들이 당시 실력자인 조간자(趙簡子)의 집에 놀러 갔다. 그의 정원에는 나무가 많았다. 조간자는 범헌자의 세 아들에게 이 나무들을 어떻게 하면 좋겠냐고 물었다. 이때 첫째와 둘째 아들은 평범한 답변을 했고 막내아들이 눈에 띄는 답변을 내놓았다.

"세 가지 덕으로 백성을 부릴 수가 있습니다. 가령 산에 있는 나무를 베라고 명령해도 백성들은 할 것입니다. 먼저 정원을 개방해 나무를 베게 하는 것입니다. 저 산은 멀고 정원은 가까이에 있으니 이것이 백성들에게 하나의 기쁨이 될 것입니다. 또 험한 산이 아닌 평지의 나무를 베게 하는 것이 두 번째 기쁨이 될 것입니다. 다 베고 나서 백성에게 싼 값으로 판다면 백성에게 세 번째 기쁨이 될 것입니다."

조간자는 이 말을 듣고서 그대로 시행했다. 과연 백성들도 기뻐했다.

여기까지만 놓고 보면 맹자가 늘 강조한 여민동락(與民同樂)의 정신을 당대 실력자에게 권하여 시행하게 했고 또 백성들마저 기뻐했으니 아무런 문제가 없다. 오히려 칭송받아 마땅하다. 그런데 이 이야기의 주인공은 세 아들의 어머니다. 막내아들은 자신이 내놓은 건의가 못내 자랑스러워 집으로 돌아와 어머니에게 이런 일을 알렸다. 그런데 어머니는 칭찬은 고사하고 크게 탄식하며 이렇게 말한다.

"범씨 집안을 망하게 할 자는 바로 이 아이로구나. 공로를 떠벌려 자랑하면 어짊[仁]을 베풀기 어려운 법이고 거짓으로 남을 속이는 자는 오래 살지 못한다 했다."

왜 그 어머니는 칭송받아 마땅한 일에 대해 오히려 '집안을 망하게 할 짓'이라 과민반응 했을까? 그 이유는 『서경』 '군진(君陳)' 편에 나온다.

"네게 만일 좋은 계책[嘉謨]과 좋은 생각[嘉猷]이 있거든 곧장 들어가 너의 임금에게 아뢰고, 밖으로 네가 그것을 알릴 때에는 이 계책과 이 꾀는 오직 우리 임금의 다움 덕분이라고 하라!"

그 어머니는 이 구절의 의미를 깊이 알았다고 할 수 있다. 좋지도 않은 계책과 생각, 즉 거짓으로 백성을 동원했고 심지어 어머니에게 이기는 하지만 그것이 임금이 아닌 자신의 공로라고 떠벌려 자랑한 것이다. 실제로 훗날 막내아들 지백(智伯)은 한동안 진나라의 실권을 장악하는 듯했으나 자신이 추대한 애공(哀公) 때 피살됐고 범씨 집안은 망했다. 이에 유향은 군자의 이름을 빌려 "범씨의 어머니는 난의 원인을 알고 있었다[知難本]"라고 평가한다. 윗사람을 삼가[敬] 모시는 자세가 그릇됨을 어머니는 일찍 알아차렸고 결국 그런 그릇됨으로 인해 지백은 죽게 된 것이다.

『논어』에는 이보다 훨씬 구체적인 상하 관계의 미묘함을 전해주는 이야기가 나온다. 계씨 편에서 공자는 이렇게 말한다.

"군자를 모심에 있어 세 가지 허물이 있으니, (윗사람의) 말씀이 미치지 않았는데 먼저 말하는 것을 조급함[躁]이라 하고, 말씀이 미쳤는데도 말하지 않는 것을 의뭉스러움[隱]이라 하고, (윗사람의) 안색을 보지도 않고 말하는 것을 눈뜬장님[瞽]이라 한다."(계씨 6)

侍於君子有三愆 言未及之而言 謂之躁 言及之而不言 謂之隱
시 어 군자 유 삼건 언 미급 지 이 언 위 지 조 언 급 지 이 불언 위 지 은
未見顏色而言 謂之瞽
미견 안색 이 언 위 지 고

임금을 가까이에서 보필하는 재상으로서 하륜(河崙)[98]의 가장 큰

장점은 태종이 여러 차례 말한 대로 "저 사람의 귀에 들어간 것은 쉬이 입으로 나오지 않는 것"이었다. 태종이 수시로 그를 충신이라 극찬한 것은 이 때문이었다. '군진' 편을 다시 읽어보자.

네게 만일 좋은 계책과 좋은 생각이 있거든 곧장 들어가 너의 임금에게 아뢰고, 밖으로 네가 그것을 알릴 때에는 이 계책과 이 꾀는 오직 우리 임금의 다움 덕분이라고 하라!

그랬기 때문에 지백은 비명횡사한 반면 하륜은 격랑의 시기에 명예와 권력을 다 누렸음에도 불구하고 천수를 다했다 할 수 있다. 여기서 하륜의 아들들의 이름을 되짚어보는 것은 여러 가지로 의미가 있다. 자식들의 이름에는 아버지가 세상을 바라보는 눈과 자식에 대한 기대가 담겨 있기 때문이다. 아들은 적자 하구(河久)와 서자(庶

98) 조선이 건국된 후, 명나라와의 표전문(表箋文) 시비가 일어나자 명나라의 요구대로 정도전을 보낼 것을 주장하고 스스로 명나라에 들어가 일의 전말을 상세히 보고하여 납득을 시키고 돌아왔다. 그러나 정도전의 미움을 받아 계림부윤(鷄林府尹)으로 좌천되었다가 얼마 뒤 충청도 도순찰사가 되었다. 그는 이방원을 적극 지지하여 1차 왕자의 난으로 정종이 즉위하자 정사공신(定社功臣) 일등이 되고 정당문학(政堂文學)으로서 진산군(晉山君)에 피봉되었다. 태종이 즉위하자 좌명공신(佐命功臣) 일등이 되었으나 병으로 사직했다가 영삼사사(領三司事)로서 지공거가 되어 관제를 개혁하였다. 그 뒤 영의정부사·좌정승·좌의정을 역임하고 1416년에 70세로 치사(致仕)하고, 진산부원군(晉山府院君)이 되었다. 그는 태종의 우익으로 인사 청탁을 많이 받고, 통진 고양포(高陽浦)의 간척지 200여 섬지기를 농장으로 착복하여 대간의 탄핵을 받았으나 공신이라 하여 묵인되었다. 치사한 뒤에도 노구를 이끌고 함경도의 능침(陵寢)을 돌아보던 중, 정평군아(定平郡衙)에서 죽었다. 성품이 중후, 침착, 대범하였다. 후대에 그를 한나라의 장자방(張子房-장량), 송나라의 치규(稚圭)라 일컫기도 하였다.

218

子)가 세 사람인데 하장(河長), 하연(河延), 하영(河永)이었다. 적자와 서자 구분 없이 '오래오래' 살기를 바라는 마음이 고스란히 녹아 있고 그 방법은 곧 자신이 살아가는 방법이었다.

세종 2년(1420년) 5월 8일 상왕 태종은 아들 세종과 술자리를 하면서 이미 세상을 떠난 하륜을 이렇게 회고한다.

"하 정승은 사람됨이 남의 잘하는 것을 되도록 돕고 남의 잘못하는 것은 되지 아니하도록 말리어 그 충직하기가 견줄 사람이 없었다."

하륜의 이 같은 면모는 실록에 실린 그에 관한 사관의 평에 고스란히 담겨 있다.

천성적인 자질이 중후하고 온화하고 말수가 적어 평생에 빠른 말과 급한 빛이 없었으나, 관복[端委] 차림으로 묘당(廟堂-의정부 집무실)에 이르러 의심을 결단하고 계책을 정함에는 남들이 헐뜯거나 칭송한다고 하여 그 마음을 조금도 움직이지 않았다. 정승이 되어서는 되도록 대체(大體)를 살리고 아름다운 모책과 비밀의 의논을 계옥(啓沃-건의)한 것이 대단히 많았으나 물러 나와서는 일찍이 남에게 누설하지 않았다. 몸을 가지고 외부의 일이나 물건을 접할 때에는 한결같이 성심으로 하여 허위가 없었으며, 종족(宗族)에게 어질게 하고, 붕우(朋友)에게 신실(信實)하게 하였으며, 아래로 동복(僮僕)에 이르기까지 모두 그 은혜를 잊지 못하였다. 인재(人材)를 천거하기를 항상 제대로 된 데 못 미치면 어떻게 하나 하는 듯이 하였고 조금만 착한 것이라도 반드시 취하고 그 작은 허물은 덮어주었다. 집에 거(居)하여서는 사치하고 화려한 것을 좋아하지 않고, 잔치하여 노는 것을 즐기지 않았다. 성질이 글을 읽기를 좋아하여 손에서 책을 놓지 않고 유유(悠悠)하게 휘파람을 불고 시를 읊어서 자고 먹는 것도 잊었다.

이 같은 평가는 문장 하나하나가 『논어』와 『서경』의 구절에 기반을 두고 있다는 점에서 세밀한 비교 분석이 필요하다.

"천성적인 자질이 중후하고 온화하고 말수가 적어 평생에 빠른 말과 급한 빛이 없었으나, 관복 차림으로 묘당에 이르러 의심을 결단하고 계책을 정함에는 남들이 헐뜯거나 칭송한다고 하여 그 마음을 조금도 움직이지 않았다." 이는 『논어』 학이 편에서 말하는 '일을 할 때는 민첩하게 하고 말은 신중하게 하라[敏於事而愼於言]'이며 동시에 이인 편에서 말하는 '군자는 말은 어눌하게 하려 하고 행동은 민첩하게 하고자 한다[欲訥於言而敏於行]'이다.

"정승이 되어서는 되도록 대체(大體)를 살리고 아름다운 모책과 비밀의 의논을 계옥한 것이 대단히 많았으나 물러 나와서는 일찍이 남에게 누설하지 않았다." 마치 '군진' 편을 그대로 옮겨놓은 듯하다.

"네게 만일 좋은 계책과 좋은 생각이 있거든 곧장 들어가 너의 임금에게 아뢰고, 밖으로 네가 그것을 알릴 때에는 이 계책과 이 꾀는 오직 우리 임금의 다움 덕분이라고 하라!"

"몸을 가지고 외부의 일이나 물건을 접할 때에는 한결같이 성심으로 하여 허위가 없었으며, 종족에게 어질게 하고, 붕우에게 신실하게 하였으며, 아래로 동복에 이르기까지 모두 그 은혜를 잊지 못하였다." 이는 마치 공야장 편에서 공자가 정나라 대부 자산(子産)을 높이 평가하는 것과 같은 느낌이다.

"(그가 보여준) 군자의 도는 네 가지다. 첫째 몸가짐이 공손했고, 둘째 윗사람을 섬김에 있어 경건함을 잃지 않았으며, 셋째 백성을 기름에 있어 은혜를 베풀었고, 넷째 백성을 부림에 있어 의(義)를 지켰다."
(공야장 15)

有君子之道四焉 其行己也恭 其事上也敬 其養民也惠 其使民也義
유 군자지도 사 언 기 행기 야 공 기 사상 야 경 기 양민 야 혜 기 사민 야 의

"인재를 천거하기를 항상 제대로 된 데 못 미치면 어떻게 하나 하는 듯이 하였고 조금만 좋은 것이라도 있으면 반드시 취하고 그 작은 허물은 덮어주었다." 인재 천거와 관련해 하륜이 보여준 열렬함은 오히려 태종의 의심을 살 정도였다. 태종은 "임금이 치밀하지 못하면 신하를 잃고, 신하가 치밀하지 못하면 몸을 잃는다"는 말을 늘 머릿속에 두었던 임금이어서 목숨이 위태로울 수도 있었다. 그러나 하륜은 자신과 가까운 인물이라도 능력이 뛰어나면 천거하기를 꺼리지

않았다. 그것은 하륜이 『논어』 자로 편에 나오는 다음과 같은 내용의 의미를 정확하게 파악하고 있었기 때문이다.

(공자의 제자인) 중궁(仲弓)이 "어떻게 뛰어난 인재를 알아서 들어쓸 수 있습니까"라고 묻자 공자는 말했다. "네가 아는 인재를 등용하면 네가 미처 모르는 인재를 남들이 내버려두겠느냐?"(자로 2)

曰 焉知賢才而擧之 曰 擧爾所知 爾所不知人其舍諸
왈 언 지 현 재 이 거 지 왈 거 이 소 지 이 소 부 지 인 기 사 제

그만큼 스스로 당당하고 깨끗할 때 가능한 일이다. 그리고 한 사람에게 여러 가지 재주를 요구하지 않고 하나라도 쓸 만한 재주가 있으면 나머지 허물을 덮어주는 것을 너그러움[寬]이라고 한다. 반대로 한 사람에게 여러 가지 재주를 요구하는 것을 인색함[吝]이라한다. 세종이 장영실의 신분적 허물에도 불구하고 그의 재주를 높이 사 높은 벼슬을 내려주고 나라를 위해 일을 할 수 있도록 해준 것이 바로 관(寬)이다. 하륜은 정승으로서 그 같은 너그러움을 갖고 있었고 그 점에서 임금의 오해나 의심조차 개의치 않았다는 점에서 신하로서의 선공후사(先公後私)의 길을 보여준 것이라 하겠다.

"집에 거(居)하여서는 사치하고 화려한 것을 좋아하지 않고, 잔치하여 노는 것을 즐기지 않았다." 이는 『논어』 학이 편에서 말하는 "군자는 먹을 때 배부름을 구하지 않고 거처할 때 편안함을 구하지 않는다[君子食無求飽 居無求安]"에 정확하게 해당하는 생활 태도다.
군 자 식 무 구 포 거 무 구 안

하륜이 여말선초의 피바람 속에서 목숨을 보전하고 재상의 자리에 올라 새 나라의 근본을 세울 수 있었던 밑바탕에는 이처럼 『논어』와 『서경』의 깊은 지혜가 숨어 있었던 것이다. 물론 요즘처럼 엉성하게 이 두 경서를 읽어서는 그런 깊은 지혜를 얻을 수는 없을 것이다. 하륜은 "성질이 글을 읽기를 좋아하여 손에서 책을 놓지 않았고" 그 정밀한 뜻도 정확히 알았기에 가능한 일이다.

윗사람의 안색을 살피지도 않고 말하는 일 : 이숙번의 실수

태종 6년(1406년) 불혹(不惑)의 나이 40세를 맞은 태종은 8월 18일 아침 최측근 인사들인 여흥부원군 민제(閔霽), 좌정승 하륜, 우정승 조영무(趙英茂), 안성군 이숙번(李叔蕃)[99] 등을 조용히 불렀다. 이 자리에서 태종은 세자 이제(李禔-훗날의 양녕대군)에게 왕위를 물려주겠다고 밝힌다. 모두들 깜짝 놀랐다. 이 말이 전해지자 의안대

---

99) 1398년에 지안산군사(知安山郡事)로 있으면서 이방원을 도와 세자 방석과 정도전, 남은, 심효생 등을 제거하는 데 공을 세워 정사공신 이등에 책록되고 안성군(安城君)에 봉해졌으며, 우부승지에 임명되었다. 그 뒤 이방원의 측근이 되어 정종이 왕위에 오르자 이방원에게 "공을 왕으로 추대하고 싶을 뿐이다"라고까지 말했다 한다. 1400년 박포(朴苞)가 이방간을 충동해 거병하자 군사를 동원해 이들을 제거하였다. 태종이 즉위하자 좌명공신 일등이 되었고, 1414년 지춘추관사로서 영춘추관사 하륜 등과 함께 『고려사』 중 공민왕 이후의 사실을 고쳐서 바로잡도록 명을 받았다. 이듬해 안성부원군(安城府院君)에 봉해졌다. 원래 성품이 망령된 데다 자신의 공과 태종의 총애를 믿고 왕에게 불충하고 동료들에게 무례하게 굴어 여러 차례 대간의 탄핵을 받아 결국은 관작을 삭탈당하고, 1417년 경상도 함양에 유배되었다.

군 이화(李和), 영의정 성석린이 백관과 원로들을 이끌고 대궐에 나아가 지신사 황희로 하여금 자신들의 뜻을 아뢰도록 했다.

"전하께서 춘추가 한창이고, 세자가 아직 성년이 못 되었고, 별다른 변고(變故)도 없었는데, 갑자기 전위하시고자 하시니, 신들은 그 이유를 알지 못해 황공해하고 있습니다."

이에 대해 태종은 물론 그런 사실은 잘 알고 있다며 "그러나 내 마음이 이미 결정되었으니 고칠 수 없다. 내가 전위하려는 까닭은 두 정승(-하륜과 조영무)이 이미 알고 있다"며 막무가내였다. 이에 이조판서 남재(南在)와 좌정승 하륜이 나서 간곡하게 만류했다. 두 사람은 "옛날에도 임금의 명이 옳지 않으면 신하가 따르지 않은 적이 있었다"며 전위하겠다는 뜻을 받들지 않겠다고 밝혔다. 그러나 태종은 일단 "오늘 꼭 전위하려는 것은 아니다. 내 다시 생각할 터이니, 경 등은 물러가는 것이 옳다"며 신하들을 물리쳤다. 이날 실록은 "도성 사람들 가운데 이 말을 들은 사람은 모두 아연실색하여 놀라워하였다"고 적고 있다. 그만큼 충격적인 결단이었다. 그리고 이 파동은 태종이 슬그머니 전위 의사를 철회하면서 일단 마무리가 됐다.

그런데 정확히 3년 후인 태종 9년(1409년) 8월 10일 태종은 문서를 통해 "군사의 중대사는 내가 전부 맡겠고 사람을 쓰는 일도 마땅히 친히 하겠다"며 2차 전위 파동을 일으킨다. 연일 조정 중신들의 전위 철회 상소가 이어졌다. 결론부터 말하면 이 또한 태종이 슬그머니 전위 의사를 철회하면서 별일 없었던 것으로 끝나게 된다.

문제는 그 과정에 있었다. 전위를 만류하던 상소가 한창이던 8월 13일 이숙번이 직접 태종을 만날 기회를 가졌다. 여기서 이숙번은 선위는 잘못된 것이며 따라서 직접 정사를 챙겨달라고 청했다. 이 자리에서 태종은 "천재(天災)가 바야흐로 심하니, 내가 하는 일이 하늘의 뜻에 부합하지 않을까 두려워 선위하려 하는 것"이라고 설명했다. 그러자 이숙번은 선위를 했다고 해서 재앙을 없앴다는 이야기를 듣지 못했다며 "정사에 힘써야 한다"고 말했다. 문제는 지금부터다. 태종은 "그러면, 어느 때나 이 무거운 짐을 벗을 수 있겠는가?"라고 물었고 이숙번은 (아마도 나름대로 8년은 더 남았다고 생각해서인지) 무심결에 "사람의 나이 50이 되어야 혈기가 비로소 쇠하니, 나이 50이 되기를 기다려도 늦지 않습니다"고 말하는 불충(?)을 저지르고 만다. 덫에 걸려든 것이다. 이때 태종 42세, 세자 15세였으니 8년 후면 태종은 50세가 되고 세자는 23세가 된다. 실제로 이 때문이었는지는 몰라도 일등 공신 중의 일등 공신인 이숙번은 결국 태종 17년(1417년) 초 세자에게 아부하려 했다는 죄로 의금부에 갇혔다가 유배를 떠났고 다시는 한양 땅을 밟지 못한 채 유배지에서 삶을 마치게 된다.

태종 17년이면 정확히 태종이 50세가 되던 해였다. 공자가 말한 "(윗사람의) 안색을 보지도 않고 말하는 것을 눈뜬장님[瞽]이라고 한다"에 해당한 것이다. 안색을 본다는 것은 그저 겉으로의 낯빛을 보는 것이 아니라 낯빛을 통해 속내까지 본다는 뜻이다. 하륜과 더불어 태종의 쌍두마차로 불리던 이숙번조차 태종의 깊디깊은 속을 읽지 못해 이런 낭패를 당하게 된 것이다. 그 험한 시절 목숨이라도 부지했으니 그나마 다행이라 할 것이다. 그러면 하륜은 어떻게 답했을까? 이렇게 대답한다.

"주상의 춘추가 60, 70이고 세자 나이가 30, 40이어도 불가할 텐데 하물며 지금 주상의 춘추가 한창때이고 세자가 아직 어리니 절대 불가합니다."

참고로 당시 세자가 16세였으니 7년 후면 23세가 되어 얼마든지 국정을 맡을 수 있는 나이였다. 그러나 하륜의 이 대답을 그저 천박한 아부 정도로 치부하는 것이 우리 학계의 평가다. 그만큼 학계는 현실 속의 사람 관계를 모른다는 말이 될 수도 있겠다. 하륜은 자신으로서는 넘볼 수 없는 권력 앞에서 스스로의 한계를 지키고 조심하며 경계한 것이다[敬]. 그래서 세 가지 허물 중 아무것도 짓지 않았다.

영광의 무게만큼
커지는 위험을 생각하라

소안(所安)을 갖춘 자와 그렇지 못한 자

: 한(漢) 유방의 신하, 장량과 소하

소하(蕭何)는 유방과 마찬가지로 패(沛) 사람이다. 법조문을 갖고서 다른 사람을 해치지 않았기 때문에 패현의 주리(主吏)의 연(掾)[100]이 됐다. 고조(高祖-유방)가 벼슬하지 않았던[布衣] 시절에 여러 차례 직무상의 일로 고조를 지켜주었다. 고조가 정장(亭長)이 되었을 때도 늘 그를 도왔다. 『한서』 '소하전(蕭何傳)'에 나오는 그의 모습 중 하나다.

---

100) 주리는 군(郡) 소속 관리이고 연은 하급 관리다.

고조가 봉기해 패공(沛公)이 되자 하는 일찍이 그의 승(丞)이 되어 제반 일을 감독했다. 패공이 함양(咸陽)에 이르렀을 때 여러 장수들은 다투어 금과 비단과 재물이 있는 창고[府]로 달려가 그것들을 나누어 가졌지만 하만이 먼저 (궁궐에) 들어가 진나라 승상부와 어사부의 율령과 도서들을 거두어 그것을 감추었다. 패공이 천하의 험준한 요새, 인구의 많고 적음, 지역의 강점과 약점, 백성들이 힘들어하고 고통받는 바 등을 다 갖추어 알게 된 것은 하가 진나라의 도서들을 얻었기 때문이다.

우여곡절 끝에 고조는 초나라 항우를 꺾고 천하를 통일하며 한나라를 세웠다. 이제 남은 것은 논공행상(論功行賞)이다. 유방은 소하의 공로가 가장 성대하다고 여겨 가장 먼저 봉하여 찬후(酇侯)로 삼았고 식읍은 8천 호였다. 당시 전장을 누볐던 장수들이 후방에서 편안하게 지낸 소하는 일등 공신이 될 수 없다 반대하자 유방은 이렇게 말했다.

"무릇 사냥할 때 사냥감을 쫓아가서 죽이는 것은 사냥개이지만 사냥개를 풀어 짐승이 있는 곳을 가리키는 것은 사람이다. 지금 그대들은 그저 짐승을 뒤쫓아 가서 잡았을 뿐이니 사냥개의 공을 세운 것이다. 그러나 소하의 경우에는 사냥개를 풀어 사냥감이 있는 곳을 가리켰으니 사람의 공을 세운 것이다. 또 그대들은 혼자의 몸으로 나를 따랐거나 많아야 두세 사람이었지만 소하는 집안의 수십 명을 모두

내게 딸려 보냈으니 그 공로를 잊어서는 안 되는 것이다."

눈여겨볼 대목은 유방의 마지막 말이다. 시간을 2년여 거슬러 올라가야 한다. 아직 항우와의 싸움이 한창일 때의 일이다. 유방은 경현(京縣)과 삭성(索城) 땅 사이에서 항우와 서로 대치하고 있을 때 여러 차례 사자를 보내 후방에 있던 승상 소하의 노고를 위로해주었다. 이때 포생(鮑生)이라는 한 식견 있는 선비가 소하에게 조언했다.

"지금 왕께서 햇빛에 그을리고 벌판에서 이슬을 맞고 지내면서도 여러 차례 사자를 보내 당신을 위로하는 것은 당신의 마음을 의심하고 있기 때문입니다. 당신을 위해 계책을 생각해보니 당신의 자손과 형제들 중에서 싸울 수 있는 자들은 뽑아 모두 상이 있는 군영으로 보내는 것이 낫습니다. 그러면 상은 당신을 더욱 신임할 것입니다."

포생의 말을 듣지 않았다면 소하는 일등 공신에 오르지 못했을지 모른다. 그런데도 유방은 소하에 대한 의심을 거두지 않았다. 한나라가 세워진 후에 한신이 관중에서 반란을 모의했다. 한신은 소하가 유방에게 천거했던 인물이기도 하다. 당시 유방은 진희(陳豨)의 반란을 제압하기 위해 도성을 떠나 있었기 때문에 부인 여후(呂后)가 소하의 계책을 써서 한신을 주살했다. 유방은 한신이 이미 주살됐다는 소식을 듣고서 사자를 보내 (소하를) 승상에 제배해 상국으로 삼고 5천 호를 더 봉해주었으며 병졸 500명과 1명의 도위를 보내 상국의 호위병으로 삼았다. 이때 여러 제후들이 다 축하했는데 소평(召平)이라는 사람만이 홀로 소하에게 걱정을 털어놓았다.

"재앙은 이로부터 시작될 것입니다. 상은 밖에서 햇볕에 노출되어 이슬을 맞았는데 그대는 안에서 궁궐을 지켰고 화살이나 돌을 맞는 어려움을 겪지 않았는데도 봉읍은 더해지고 호위 부대까지 두게 되었으니 지금 회음후가 안에서 막 반란을 일으킨 점을 감안할 때 그대의 마음을 (상이) 의심하는 것입니다. 무릇 호위 부대를 두어 그대를 호위하는 것은 그대를 총애하는 것이 아닙니다. 바라건대 그대는 봉읍을 사양하여 결코 받지 마시고 그대의 재산을 모두 군대에 내놓으십시오."

즉 소하가 혹시라도 변란을 일으킬까 두려워 유방은 그에게 호위 부대를 붙여주었다는 말이다. 그 즉시 소하는 소평의 말을 따랐고 이에 유방은 의심을 거뒀다.

장량(張良)은 자(字)가 자방(子房)이고 그 선조는 한(韓)나라 사람이다. 한나라가 망했을 때 장량의 집에는 노비가 300명이었는데 동생이 죽었을 때 장례도 치르지 않고 집안의 재산을 모두 털어 진왕(秦王-진시황)을 찌를 자객을 구해서 한나라의 원수를 갚으려 했다. 그 과정에서 우연히 유방을 만났다. 그의 유방에 대한 첫인상이다.

"패공은 거의[殆=近] 하늘이 내리신 분이다."

그래서 드디어 패공을 따르며 곁을 떠나지 않았다. 병법에 밝았던 장량은 고비 고비마다 결정적인 조언을 통해 마침내 유방이 천하를 통일할 수 있게 해주었다. 당연히 장량도 소하와 더불어 일등 공신의 자리에 이름을 올렸다. 그런데 처신이 소하와는 달랐다. 공신을 정하면서 유방이 말했다.

"장막 안에서 계책을 부려 천리 밖 승부를 결정지은 것은 자방의 공로다. 스스로 제나라 3만 호를 고르라!"

이에 장량이 말했다.

"처음에 신이 하비(下邳)에서 일어나 상과 유(留-현)에서 만났는데 이는 하늘이 신을 폐하께 주신 것입니다. 폐하께서 신의 계책을 쓰셨고 다행히 때에 들어맞았습니다[時中]. 신은 바라건대 유(留)에 봉해지는 것으로 만족합니다. 감히 3만 호는 맡을 수가 없습니다."

이에 장량을 유후(留侯)에 봉했다. 그리고 소하를 상국에 천거한 장본인도 장량이다. 결국 소안(所安)에 있어 장량은 소하를 훨씬 앞질렀다. 그렇기 때문에 「장량전(張良傳)」에는 유방이 장량을 의심했다는 일화가 전혀 나오지 않는다. 그러나 소안에서는 뒤졌던 소하도

귀 밝음[聰]이 있었기에 주변의 좋은 조언을 즉각 받아들여 천수와 명예를 함께 누릴 수 있었다.

인정받지 못한 소안(所安)으로 죽음에 이르다

: 조선 태종의 신하, 하륜과 이무

하륜은 재론의 여지가 없는 태종 이방원의 공신 중의 공신이다. 이무(李茂)도 1차 왕자의 난 때 정도전과 남은이 정안공 이방원 등을 제거하려 한다는 정보를 주어 이방원이 선제공격을 하게 만든 장본인으로 이때 이등 공신이 됐고 2차 왕자의 난 때는 군사를 책임진 삼군부 판사로서 이방원을 도와 이방간 세력을 제압해 일등 공신이 됐다. 그래서 태종 정권 내내 정승 자리를 지켰던 막강한 실력자였다.

하륜에 대한 태종의 시각은 앞서 예로 든 바(219쪽)와 같이 '충직하기가 견줄 사람이 없었다'고 전한다. 이는 더불어 사람 보는 데 일가견이 있음을 자부한 태종이 하륜의 소안(所安)을 인정해주는 대목이다. 반면에 정승 자리에 10년 가까이 두었던 이무에 대한 태종의 인식은 극도로 부정적이다. 태종 9년(1409년) 10월 1일 태종은 인정전(仁政殿)으로 의정부 관리와 삼공신을 불러 진선문 앞에 이무를 세워두고서 다음과 같은 말을 한다.

"내가 정권을 잡은 뒤에 그를 공신 일등으로 정하자 한두 사람이 말하기를 '이무가 무슨 공이 있느냐?'고 했으나 내가 그 체력과 풍채가 볼만하기 때문에 듣지 않았다. 또한 뒤에 나타난 큰 허물이 없기 때문에 드디어 정승에 이르렀다. 임오년(1402년)에 내가 종기가 나서 매우 위독하니 민씨네 형제와 신극례(辛克禮)가 민씨의 사가(私家)에 모여 어린 자식을 세우자고 의논하였는데 그 꾀가 실상은 이무에게서 나왔다."

이로써 이무의 죽음은 정해졌다. 이무를 다시 옥에 가둔 태종은 공신들을 돌아보며 이렇게 말한다.

"한나라 고조는 공신을 보전하지 못하고 광무는 능히 보전했다. 그래서 나는 어떻게든 공신들을 보전하려고 했는데 일이 이 지경에 이르렀다."

여기서 고조는 유방이고 광무란 후한(後漢)을 세운 광무제(光武帝)[101]를 가리킨다. 이날 실록에는 "하륜이 본래 민씨(-태종의 장인 민제)와 사귀었기 때문에 그가 하는 말이 이무를 비호하는 듯했다"고만 적혀 있어 정확히 무슨 말을 했는지를 알 수는 없지만 하륜은

---

101) 왕망의 군대를 격파하고 즉위해 한 왕조를 재건하여 전국을 평정했다. 중앙집권화를 꾀했다. 학문을 장려하고, 유교존중주의를 택해 예교주의의 기초를 다졌다.

어떻게든 이무를 살리려 했다. 이에 태종은 하륜에게 경고를 한다. 그럼에도 하륜은 두려워 땀만 뻘뻘 흘리면서도 다시 한 번 이무를 죽이지 말 것을 건의했다. 그러나 이무의 소안(所安)을 좋게 보지 않았던 태종은 끝내 말이 없었다. 태종의 처남들인 민무구, 민무질의 옥사에 연루된 이무는 결국 창원으로 유배됐다가 안성군 죽산(竹山)에 옮겨져 그곳에서 10월 5일 사형됐다.

아랫사람은
윗사람을 잘 만나야 한다

석 잔 이상의 술은 마시지 말라

: 조선 태종과 세종의 지우(知遇)를 받은 윤회

윗사람도 아랫사람을 잘 만나야 그 조직이 잘 되지만 아랫사람도 윗사람을 잘 만나지 못하면 자신의 꿈과 능력을 꽃피울 수 없다. 윗사람과 아랫사람의 근본적인 차이는 육(育)과 우(遇)로 나뉜다. 윗사람은 아랫사람을 길러낼[育=養] 수가 있지만 아랫사람이 윗사람을 길러내는 것은 사실상 불가능하다. 그저 어떤 윗사람을 만나느냐[遇=遭]에 따라 운명이 갈린다. 지금이야 '불우 이웃'이라는 말에서나 쓰이고 있지만 원래 불우(不遇)란 자신을 알아주는 윗사람을 만나지 못했다 혹은 자신의 좋은 운을 만나지 못했다는 뜻이다.

이 점을 놀라울 정도로 현실감 있게 그려낸 인물이 중국 후한(後

漢)에 있었다. 『논형(論衡)』이라는 책을 남긴 왕충(王充)[102]이 그다.
그 책에서 봉우(逢遇)라는 제목의 편이 바로 좋은 운(運) 혹은 명
(命)과의 만남 문제를 다룬다. 봉(逢)이나 우(遇)나 조(遭)나 모두 만
나다는 뜻이다. 첫 문장부터 예사롭지 않다.

　뛰어난 사람의 행동은 늘 현명하지만 벼슬하는 사람이 항상 임금
의 마음에 들 수는 없다. 뛰어난가 아닌가는 재질의 문제이며 임금의
마음에 드느냐의 여부는 시운(時運)에 달린 것이다.

　공자는 윗자리에 있는 사람은 자기 개인의 호불호(好不好)가 아니
라 아랫사람의 재덕(才德)을 잘 가려 써야 한다고 했다. 실은 공자뿐
만 아니라 대부분 제왕학이나 군주론에서 원론처럼 강조하는 말이
기도 하다. 왕충은 바로 이 지점을 시작부터 무력화하고 있는 것이다.

　재질이 뛰어나고 행실이 고결해도 반드시 존귀하게 되리라고 보증
할 수는 없다. 재능이 모자라고 행실이 비열해도 반드시 비천하리란
보증은 없다.

---

102) 한미한 집안 출신으로 낙양에 유학하여 태학(太學)에서 공부하면서 『한서』를 쓴 반고
의 아버지 반표에게 배웠다. 가난하여 늘 낙양의 책방에서 책을 훔쳐 읽고 기억했다고
한다. 세속의 속유(俗儒)들이 경의(經義)에 얽매일 때 문을 닫고 깊이 생각하여 저술에
힘썼다. 대표적 저서로는 당시의 정치나 학문을 비판한 『논형』이 있다.

왕충은 그 이유로 임금의 마음이 일정하지 않은 때문이라고 한다.

　당시의 군주가 문예를 좋아할 때 자신이 문예를 익혔다면 군주의
마음에 든다. 그러나 군주가 (마음을 바꿔) 무예를 좋아하면 군주의
마음에 들지 못한다.

그렇기 때문에 뛰어난 재주를 가진 신하가 뛰어난 임금을 만나 뛰
어난 성취를 이루게 되는 일은 그만큼 어려운 것인지 모른다.

　반면에 왕충은 임금에게 아무런 보탬이 없었는데도 좋아했던 인
물로 굉유(閎孺)와 등통을 든다. 특히 문제 때의 총신 등통은 가의
와 큰 대조를 이룬다. 굉유는 (한나라) 혜제에게 총애를 받았고 등통
은 문제에게 총애를 받았다. 이들은 조그마한 재주나 미미한 능력조
차 없었는데도 체형이 뛰어나고 얼굴이 아름다워서 임금의 마음에
들었다. 아름다운 용모는 사람들이 좋아하는 바이니 임금의 마음에
드는 것은 당연하다는 것이다. 왕충의 맺음말은 오늘날의 우리들로
하여금 할 말을 잃게 만든다.

　군주의 좋고 싫은 감정이 일정하지 않아서 신하는 군주가 흡족해
할 바를 알 도리가 없으니 우연히 들어맞게만 돼도 그런대로 괜찮다.

지우(知遇), 자신을 알아줌을 만나다는 뜻이다. 왕충의 주장을 따
르자면 신하로서 가장 복된 일은 바로 지우를 받는 일이다. 조선 시

대 태종과 세종 때의 천재 윤회(尹淮)가 그런 경우다. 태종은 평소 "사람과 말을 보는 일이라면 누구에게도 지지 않을 자신이 있다", "임금이 치밀하지 못하면 신하를 잃고 신하가 치밀하지 못하면 그 몸을 잃는다"고 강조하면서 인재 선택에 있어 신중에 신중을 다했던 임금이다. 그런 태종과 윤회의 만남이 처음부터 순조로웠던 것은 아니다. 윤회는 태종 1년(1401년)에 문과에 급제해 벼슬길에 올랐다. 아버지 윤소종(尹紹宗)[103]은 조선 건국에 기여한 신진 사대부의 핵심 인물로 조선 왕실이 중국의 제왕학 책인 진덕수의 『대학연의』로 무장할 수 있게 해준 장본인이기도 하다. 학술을 중시한 집안 분위기 탓에 윤회는 이미 10세 때 주희의 『자치통감강목(資治通鑑綱目)』[104]을 다 읽었고 10대 때 경사(經史) 분야의 책 중에 읽지 않은 책이 거의 없었다고 한다. 다만 술을 너무 좋아하는 게 흠이었다. 그 때문인지 윤회가 문과 급제 후에 처음으로 실록에 이름이 등장하게 되는

---

103) 이색의 문인이다. 1388년 이성계가 위화도에서 회군할 때에 동문 밖에 나가 영접하고 『곽광전(霍光傳)』을 바쳤다. 그것은 우왕을 폐하고 다른 왕씨를 왕으로 추대할 것을 암시하기 위해서였다. 이성계가 사전(私田)을 혁파하고자 했을 때, 정도전과 함께 힘써 협력하였다. 1389년 가을 영흥군(永興君)의 옥사 때, 평소 이숭인의 재능을 시기하던 그는 친밀한 사이였던 조준에게 이숭인을 참소하여 죽이려고 하였다. 그 뒤 남을 비방하는 것으로 왕의 미움을 받아 금주에 유배되었다가 풀렸으며, 다시 정몽주 일파의 간관에게 탄핵을 당해 유배되었다가 정몽주가 피살되자 비로소 유배에서 풀렸다. 조선이 건국되자 병조 전서로 부름을 받아 원종공신이 되었다. 경사(經史)를 두루 섭렵했다.

104) 『통감강목(通鑑綱目)』 『강목(綱目)』이라고도 한다. 사마광의 『자치통감』 294권을 강목(綱目)으로 재구성해 만든 책이다. 기원전 403년에서부터 서기 960년에 이르기까지 1,362년간의 정통(正統)과 비정통을 분별하고 대요(大要-總)와 세목(細目-目)으로 나누어 기술하였다. 주희가 대요를, 그의 제자 조사연(趙師淵)이 세목을 썼다.

것은 지극히 불미스러운 사건 때문이었다. 문과에 급제한 그해 11월 3일 명나라 사신을 접대하던 응봉사 녹사였던 그가 "사신관(使臣館)에 뽑혀 들어가 명나라와 무역하는 말[馬]의 장부를 담당했는데 하루는 술에 취하여 일어나지 않았다"고 하여 순군옥에 갇혔다. 태종 6년(1406년)에는 병조 좌랑으로 있으면서 대궐 갑사(경호 요원)를 구타했다가 태종의 진노를 사 또 순군옥에 갇혔다. 태종 15년(1415년) 6월에도 외교문서 작성을 담당하는 승문원 지사로 명나라에 보낼 문서에 날짜 표기를 잘못해 우리도 잘 아는 부교리 정인지와 함께 의금부 감옥에 내려졌다. 정인지와 마찬가지로 학재(學才)는 뛰어났지만 관리로서의 이재(吏才)는 약했던 것이다.

물론 사안이 그리 심각하지 않아 두 사람은 나흘 만에 원래 직책으로 복귀하기는 했다. 그 때문인지 한 달여 후에 태종이 가장 신뢰했던 하륜이 밀봉한 글을 올려 "윤회는 경사에 널리 통하여 대언이 될 만하다"고 하니 태종은 단호하게 거부한다. 흥미로운 것은 세종 즉위년(1418년)에 윤회가 동부대언으로 발탁됐다는 점이다. 이때 주요 인사는 상왕인 태종이 할 때이니 실은 아들 세종을 잘 보필할 신하로 윤회를 눈여겨보아두었다가 뽑아 올린 것이다. 당시 태종이 윤회에게 한 말이다.

"경은 학문이 고금을 통달했으므로 세상에 드문 재주이고, 용렬한 무리와 비교할 바가 아니니 경은 부디 힘쓰라."

이 무렵 세종은 제왕학 수련 기간이었는데 경연에서 가장 중점적으로 읽은 책이 『대학연의』였고 그 핵심 진강자가 바로 윤회였다. 대를 이어 조선 왕실에 이 책을 강의한 것이다. 그런데 이 무렵 다시 술이 문제가 된다. 사헌부에서 윤회가 종묘에서 예를 행하는데 술에 취해 불경을 저질렀다고 상소를 올린 것이다. 세종은 윤회를 불러 꾸짖었다.

"너는 총명하고 똑똑한 사람인데, 술 마시기를 도에 넘치게 하는 것이 너의 결점이다. 이제부터 양전(兩殿)에서 하사하는 술 이외에는 과음하지 말라."

실은 윤회를 감싸 안아준 것이다. 그 후 세종은 윤회에게 술을 석 잔 이상 못 마시도록 했다. 이에 윤회가 큰 그릇으로 석 잔을 마시자 세종은 "내가 오히려 술을 더 권한 셈이 됐다"며 웃었다. 줄곧 외교 문서를 관장했고 세종의 큰 배려 속에 병조판서를 거쳐 예문관 대제학에 이르렀다. 세종 18년(1436년) 조금 일찍 세상을 떠나기는 했지만 좀 더 오래 살았더라면 계유정란(癸酉靖亂)[105]의 피바람 속에 어떤 운명이 그를 기다리고 있었을까? 참고로 신숙주(申叔舟)는 윤회의 장남 윤경연(尹景淵)의 사위다.

---

105) 1453년(단종 1년) 수양대군이 왕위를 빼앗기 위하여 일으킨 사건을 가리킨다.

제대로 평가받지 못한 인재의 이른 죽음

: 중국사 불우(不遇)의 대명사, 굴원과 가의

사마천은 『사기』 열전에서 시대도 다르고 나라도 다른 초나라의 굴원과 한나라 문제 때의 가의를 나란히 '굴원 가생(賈生-가의) 열전'에 싣고 있다. 두 사람 모두 윗사람의 지우(知遇)를 받지 못했다고 보았기 때문이다. 굴원은 초나라 회왕(懷王) 때 좌도(左徒-좌정승)로 있었다. 사마천은 그에 대해 "보고 들은 것이 많고 기억력이 뛰어나며 잘 다스려질 때와 어지러울 때의 일[治亂之事]에 밝고 글을 쓰는 능력이 탁월했다"고 말한다. 전국시대 때 초나라는 제(齊)나라, 진(秦)나라와 더불어 3국이 대립하고 있었다. 굴원은 제나라와 동맹하여 강국인 진나라에 대항해야 한다는 합종설(合縱說)을 주장했으나 초나라 회왕과 중신들은 연횡설(連衡說)을 주장한 진나라 장의(張儀)의 책략에 속아 오히려 굴원이 실각했다. 그 후 초나라 상황이 점점 열세에 놓이게 되자 자살로써 간(諫)하겠다는 결의를 밝히고 장사(長沙)에 있는 멱라수(汨羅水)에 투신해 죽었다. 사마천은 직접 장사를 찾아가 굴월을 추모했다.

"장사에 가서 굴원이 스스로 빠져 죽은 연못을 바라보며 일찍이 눈물을 떨구고 그의 사람됨을 생각하지 않을 수 없었다."

뛰어난 재주에도 지우를 받지 못한 인재에 대한 추도사다. 필자의 관심은 굴원보다는 가의에게 있다. 좌의정에 해당하는 좌도를 지녔으면 사실 지우를 받지 못했다고는 할 수 없기 때문이다. 오히려 권력투쟁에서 패배했다고 해야 하지 않을까? 가의는 한나라 초기 문제 때 사람이다. 18세 무렵인 기원전 183년『시경』과『서경』을 모두 암송하고 문장에도 능해 당시 하남(河南) 군수가 그를 문하에 불러 아껴주었다. 3년 후에는 순자(荀子, 기원전 298~238년)의 제자인 학자 장창(張蒼)을 찾아가『춘추좌씨전』을 배웠다. 얼마 후 하남 군수가 선정(善政)으로 이름을 내자 문제가 불러올렸고 그 군수는 문제에게 가의를 천거했다.

이렇게 해서 황제의 학술 자문을 맡는 박사(博士)에 임명됐다. 이때 그의 나이 22세였다. 제자백가의 사상에 두루 밝고 진(秦)나라가 급속하게 패망하게 된 원인에 대해 현실감 있는 진단과 멀리 내다보는 대안을 제시하는 가의에게 문제는 푹 빠져들었다. 진나라의 잘못을 진단한 명저「과진론(過秦論)」을 쓴 것도 이 무렵이다. 불과 1년 만에 태중대부(太中大夫)로 파격 승진시켰다. 이에 힘입어 가의는 유학의 인정(仁政) 사상을 바탕으로 진나라식의 가혹한 정치를 고치고 대신들의 권력을 제한할 것을 거침없이 말했다.

우리의 세종과 비슷한 품성을 갖고 있던 문제는 가의의 주장에 동의하면서 그를 더 높여 공경(公卿)의 자리에 두려 했다. 그러나 문제는 중앙조정 훈구대신들의 지원에 힘입어 황제의 자리에 오른 한계를 갖고 있었다. "나이도 어리고 학문도 얕은데 권력을 자기 마음대로 하면서 여러 가지 일들을 어지럽히려 한다"는 훈구대신들의 비판에 문제로서도 물러설 수밖에 없었다. 기원전 177년 24세의 가의는 장사왕(長沙王)의 태부가 돼 멀리 남쪽으로 쫓겨 갈 수밖에 없었다. 하필 장사는 굴원이 죽은 곳이기도 했다. 실제로 가의는 이때 굴원이 자살한 곳을 찾아 굴원을 조문하는 시「조굴원부(弔屈原賦)」를 짓기도 했다. 그렇다고 굴원처럼 자살로 간언하는 방법을 택하지는 않았다. 4년 후 문제는 가의를 불러 자신의 막내아들 양회왕 유읍(劉揖)의 태부로 삼았다. 다시 문제의 가까이로 온 것이다. 직접 중앙 정치에 관여할 수는 없었지만 문제는 종종 가의를 불러 정치의 근본에 관해 물었고 가의는 그 사이에 갈고닦은 실력을 더해 의견을 올렸다. 이 무렵 그는 나라를 잘 다스려 안정시키는 방책을 담은「치안책(治安策)」을 저술했다. 완급 조절의 지혜만 보완한다면 언젠가는 문제를 보필하게 될 기회 또한 보장된 듯했다.

그런데 그의 나이 32세 때인 기원전 169년 양회왕 유읍이 실수로 말에서 떨어져 죽는 일이 발생했다. 가의는 유읍의 죽음을 자신의 탓으로 받아들였다. 1년여를 슬피 울던 가의는 33세의 젊은 나이로 꿈을 더 이상 펼쳐보지도 못하고 세상을 떠났다.

장사에 쫓겨 가 있을 때 가의는「복조부(鵩鳥賦)」라는 시를 지었다. 복조란 초나라 사람들이 부엉이를 가리키던 말이다. 그중 한 대목이다.

저 오나라는 강대했으나 부차는 패했고 월나라는 회계에 숨어 살았지만 구천은 세상을 제패했네. 이사는 유세에 성공했으나 오형(五

刑)을 받았고 부열은 죄수였으나 무정의 재상이 됐도다. 재앙과 복이 어찌 꼬인 새끼줄과 다르리오.

좌천의 서러움을 이겨내려는 마음의 고투가 물씬 묻어 나온다. 사마천은 불우(不遇)로 굴원과 가의를 엮었지만 『한서』 '가의전(賈誼傳)'에서 반고는 정반대의 평가를 내린다.

가의가 일찍 생을 마쳤고 비록 공경의 지위에는 오르지 못했지만 불우하지는 않았다.

훈구대신들의 견제로 어려움을 겪긴 했지만 그를 일찍 알아보고 천거해준 하남 군수가 있었고 학문을 이끌어준 스승이 있었으며 그의 능력을 한때나마 인정해준 문제가 있었기 때문에 그가 지우를 받지 못했거나 운(運)을 만나지 못했다고 할 수는 없기 때문일 것이다. 그러나 그가 장수(長壽)의 명(命)을 만나지 못한 것은 분명하다 하겠다.

우리 조상들은 네 글자로 사람을 보았다

아! 너 충녕대군 도(祹)는 관홍장중(寬弘莊重)하다.

태종 18년(1418년) 6월 17일 태종이 세자를 폐세자시키고 셋째 아들 충녕대군을 새롭게 세자로 책봉하는 글 첫머리에 나오는 말이다. 즉 세종대왕이 세자로 책봉될 때 그 이유가 바로 관홍장중(寬弘莊重)했기 때문이라는 것이다.

지금 우리에게는 세종대왕의 모습을 알 수 있는 어진(御眞)이 전해지지 않는다. 현재 어진은 태조 이성계를 비롯해 영조, 불타다 남은 철종의 것이 남아 있다. 고종은 사진이 있다. 어진이나 사진이 있으면 그 외모를 살피며 당시의 역사로 좀 더 깊이 들어갈 수 있다. 아쉬울 뿐이다.

그러나 사진이 없던 시절 조선에는 관홍장중처럼 한 사람의 겉과 속을 두루 살필 수 있는 '네 글자 평판'이 있었다. 글로 표현하는 한 인물의 생애에 대한 사진이라고나 할까? 물론 이 네 글자 평판은 조선 특유의 것은 아니고 옛날 중국에서 비롯됐다. 특히 그것은 공자와 밀접하게 연결돼 있다. 『논어』 학이 편에서 공자의 제자인 자공은 스승인 공자를 다음과 같은 네 글자로 표현했다.

"스승님께서는 온량공검(溫良恭儉)하시다."

이 글은 문맥을 함께 보아야 한다.

자금(子禽)이라는 사람이 공자의 제자인 자공에게 물었다. "공자께서는 찾아간 나라에 이르셔서 반드시 그 정사(政事)를 들으시니 그분이 (정치에 관심이 많아) 그렇게 하려고 구해서 그런 것입니까, 아니면 제후가 먼저 공자에게 청해서 그렇게 된 것입니까?"

자공은 이렇게 답했다. "공자께서는 온량공검(溫良恭儉)하시어 사양함을 통해 그것, 즉 정치 참여의 기회나 지위를 얻은 것이니 설사 공자께서 먼저 원해서 얻었다고 하더라도 다른 사람들이 그것을 구하는 것과는 근본적으로 다를 것이네."(학이 10)

子禽問於子貢曰 夫子至於是邦也 必聞其政 求之與 抑與之與
자금 문 어 자공 왈 부자 지 어 시방 야 필문 기정 구 지 여 억 여 지 여

子貢曰 夫子 溫良恭儉讓以得之 夫子之求之也 其諸異乎人之求之與
자공 왈 부자 온 량 공 검 양 이 득 지 부자 지 구 지 야 기 제 이 호 인 지 구 지 여

흥미로운 것은 세종이나 공자 모두 스스로 정치적 지위를 억지로 추구한 것은 아니고 세종은 관홍장중(寬弘莊重)했기에, 공자는 온량공검(溫良恭儉)했기에 지위를 얻을 수 있었다. 공자는 짧게나마 노나라에서 대사구(大司寇)라고 하는 고위직에 오른 적이 있었다. 오늘날로 치면 법무부 장관이나 검찰총장에 해당하는 자리다. 바로 이 점, 즉 뭔가가 되기 위해 억지로 노력하느냐 그렇지 않느냐는 그 사람의 다움[德]과 앞서 보았던 소안(所安)을 제대로 살피는 데 결정적 역할을 한다. 『논어』 태백 편에서 공자가 순임금과 우왕을 극찬한 이유도 바로 그 때문이다. 두 사람 모두 황제나 임금의 아들이 아니면서 지극한 덕[至德] 때문에 그 자리에 올랐다.

"높고 크도다! 순임금과 우왕이 천하를 소유하면서 그 과정에 조금도 개입하지 않음이여!"(태백 18)

巍巍乎舜禹之有天下也而不與焉
외외 호 순우 지 유 천하 야 이 불여 언

천하를 소유하게 됐지만 그렇게 하는 과정에 임금이 되려고 조금도 애쓰지 않았다는 말이다. 『서경』이라는 책에는 요임금의 인물됨을 나타내는 표현이 나오는데 역시 네 글자다. 삼경은 모두 공자가 편찬한 것으로 전해진다. 즉 공자가 요임금을 이렇게 표현했다고 볼 수 있다.

"요임금께서는 흠명문사(欽明文思)하시어 (그분의 정치는) 억지스러움이 없고 자연스러워 편안했다[安安]."
_{안안}

이번엔 흠명문사(欽明文思)다. 이제 12자나 쌓였으니 그것을 풀어야 할 차례다. 그것을 푸는 비밀은 한 글자씩 읽어내는 데 있다. 먼저 흠명문사다. 이에 대해서는 진덕수가 쓴 제왕학 『대학연의』의 도움이 결정적이다.

"흠(欽)이란 삼가지[敬] 않음이 없다는 뜻이고 명(明)이란 환하게 밝히지 않음이 없다는 뜻이며 문(文)이란 (꽃부리) 안에 잠재되어 있던 것을 밖으로 남김없이 드러내 보여주는 것[英華之發見]이고 사(思)는 뜻하고 생각하는 바가 깊고 멀다는 것이다."

문(文) 하면 '글월 문' 하는 지금식의 우리 한자 수준으로는 사실 접근하기가 쉽지 않다. 명(明)도 한 걸음 더 나아가야 무엇을 환하게 밝힌다는 것인지가 구체적으로 드러난다. 『논어』 안연 편에서 공자의 제자인 자장이 밝음[明]에 관해 묻자 공자는 말했다.

"서서히 젖어드는 참소(讒訴)와 살갗을 파고드는 하소연이 행해지지 않는다면 그 정사는 밝다[明]고 이를 만하다."

즉 신하들 간의 중상모략을 분별해내고 친지들의 애끓는 민원 청탁을 끊어내는 것이 밝다는 뜻이다. 흔히 어떤 지도자가 굳세고 밝다[剛明]고 할 때 밝다는 것은 바로 이런 뜻인 것이다.

이제 자공이 공자를 평했던 온량공검(溫良恭儉)이다. 온(溫)이란 조화를 이루어냄이 두텁다[和厚]는 뜻이고 양(良)은 고상하고 순수하다[尙粹]는 뜻이며 공(恭)은 마음속의 삼감이 밖으로 나타나서 정중하다는 뜻이고 검(儉)은 마음에 절제가 있다는 뜻이다. 이 또한 기존의 번역처럼 따뜻하고 선량하며 공손하고 검소하다고 옮겨서는 본뜻에 다가갈 수 없다.

마지막으로 아버지 태종이 세종을 평했던 관홍장중(寬弘莊重)이다. 관(寬)이란 앞서 본 대로 신하 한 사람에게 여러 가지 재능을 요구하지 않는다[無求備於一人]는 뜻이고 홍(弘)은 마음 씀이 넓고 크다는 뜻이며 장(莊)은 겉으로 드러나는 모습이 장엄하다는 뜻이고 중(重)은 그 내면이 묵직하다는 뜻이다. 겉[寬]과 속[弘], 겉[莊]과 속[重]이 잘 짜여진 표현이다. 여기서 말하는 겉이 애씀[文], 속이 밑바탕[質]이며 겉과 속이 잘 어우러진 것을 문질빈빈(文質彬彬)이라고 한다고 했다.

특히 네 글자의 첫머리에 있는 관(寬)은 세종의 인물됨을 가장 잘 드러내주는 글자다. 그냥 너그러움이 아니다. 유학에서 관은 윗사람이 아랫사람에게 여러 가지 재능을 요구하지 않고 한 가지만 잘하면 그것을 발휘하게 해준다는 뜻이다. 즉 세종 때 장영실의 경우처럼 천문과 기기 제작에 탁월하면 노비라는 신분을 문제 삼지 않고 그 한 가지 재주를 높여 적재적소에 쓰는 것이 관이다.

이 같은 네 글자 평판은 무엇보다 조선 시대에 임금의 묘호(廟號)를 정할 때 결정적인 역할을 했다. 묘호란 세종(世宗), 중종(中宗), 철종(哲宗) 할 때의 그 세(世), 중(中), 철(哲)이다. 당시에는 임금이 세상을 떠나고 나면 신하들이 임금의 행적을 잘 정리한 다음 그것을 네 글자로 요약해 그것을 바탕으로 묘호를 정했다. 실록에 어떤 네 글자로 세(世)라는 묘호를 정했는지는 나오지 않지만 일반적으로는 치세를 이루다, 혹은 태평성대를 이룩하다는 뜻이 담겨 있다. 중종의 경우에는 연산군으로 인해 나라가 위기에 처했는데 중흥하여 다시 안정시켰다[中興再安]는 취지를 담아 중(中)이라고 했다. 그러면 철(哲)은 무슨 뜻일까? 일반적으로 슬기롭고 총명하다는 뜻이다. 아마도 안동 김씨 세도정치에 제동을 거는 '무모함'을 행하지 않고 조용히 있다가 세상을 떠난 것을 안동 김씨들이 가상히 여겨 이렇게 붙여준 것은 아닐까? 식민지 상태에서 세상을 떠난 고종(高宗)에게 고(高)라는 묘호가 붙은 이유는 조기입극(肇紀立極), 즉 비로소 기강을 세우고 표준을 세웠다는 말인데 솔직히 모르겠다. 전형적인 암군(暗君)에 속하는 명종(明宗)에게 명(明)이라는 묘호가 붙은 것도 역설적이다. 물론 이는 그 자신이 죽기 전에 원했기 때문이기는 하지만 말이다.

　중국 한나라 말기의 대학자 유향의 『열녀전』은 우리가 생각하듯이 열녀에 대한 이야기를 모은 것이 아니다. 뛰어난 여성들을 평가한 책이다. 그래서 앞에서 말한 바 있듯이 사람 보는[知人] 훈련서로 이만한 책을 얻기 어렵다. 바로 이 책에 빈번하게 등장하는 것이 네 글자 인물평이다. 순임금의 두 부인이자 요임금의 딸로 서로 자매였던 아황(娥皇)과 여영(女英)에 대해 덕순행독(德純行篤), 즉 아내다움은 맑고 순수했으며 그 행실은 신실하고 도타웠다고 평한다. 은나라를 세운 탕왕의 부인 유신(有莘)에 대해서는 명이유서(明而有序), 즉 밝고 차례를 지킬 줄 알았다고 평한다. 아홉 명의 후궁을 슬기롭게 잘 거느린 데 대한 호평이다. 이처럼 네 글자 모두가 반드시 각각의 뜻을 갖는 것은 아니지만 어떤 식으로건 네 글자의 틀은 유지했다.

그리고 임금이 아닌 신하에게 시호를 붙여주는 장면이 『논어』 공야장 편에 나온다. 사람 보기[知人]를 좋아했던 자공이 또 공자에게 물었다.

"위나라 대부인 공문자에게 문(文)이라는 시호를 내린 이유는 무엇입니까?"

이에 대해 공자는 말했다. "공문자가 행하는 데 민첩하고 배우기를 좋아하며[敏而好學], 아랫사람에게 묻기를 부끄러워하지 않아 [不恥下問] 문이라 일렀다."(공야장 14)

孔文子何以謂之文也 子曰 敏而好學不恥下問 是以謂之文也
공문자   하이 위 지 문 야   자왈   민 이 호학   불치하문   시이 위 지 문 야

앞서 요임금을 이야기할 때 보았던 그 문(文)이다. 그런데 그때는 영화지발현(英華之發見)이라고만 했는데 여기서는 민이호학(敏而好學)과 불치하문(不恥下問)하기 때문에 문이라는 시호를 주었다고 말한다. 포괄적 의미에서 '애쓰다'라고 할 수 있는 문에는 그 밖에도 다양한 뜻이 있다. 그래서 시호법에서 문(文)이라는 시호를 받는 경우는 상당히 많다. 예를 들어 경천위지(經天緯地)했을 때도 문이라는 시호를 받는다. 경(經)은 날줄, 위(緯)는 씨줄로 천지의 도리를 밝히는 것을 경천위지라고 했다. 주나라 문왕(文王)이 그랬고 문선왕(文宣王-문을 널리 펴다)이라는 시호를 받은 공자도 그런 경우다. 그 밖

에도 도덕박문(道德博聞), 도덕박문(道德博文), 박학다문(博學多聞), 근학호문(勤學好問), 근학호문(勤學好文), 박학다식(博學多識), 박학다견(博學多見), 민이호학(敏而好學), 경직자혜(敬直慈惠-안으로 삼가고 밖으로 곧아 사랑과 은혜를 베풀다), 자혜애민(慈惠愛民), 충신접례(忠信接禮-충성과 신의를 다해 예로 모시다), 충신애인(忠信愛人), 강유상제(剛柔相濟-굳셈과 부드러움을 함께 써서 가지런히 하다), 민민혜례(愍民惠禮-백성을 위로하고 은혜와 예를 베풀다), 수덕래원(修德來遠-임금의 다움을 닦아 먼 곳 나라 사람들을 오게 하다), 시이중례(施而中禮-예를 베푸는 것이 법도에 맞아떨어지다) 중 하나에 해당되면 문이라는 시호를 내렸다.

문(文)은 사실 유학적 세계관에서는 가장 높은 평가를 담고 있는 말이다. 건국자를 제외하면 가장 좋은 것이 문이 들어가는 임금이었다. 주나라에서 문왕(文王), 무왕(武王)이 이어지고 한나라에서 문제(文帝), 무제(武帝)가 이어졌다. 그리고 수(隋)나라는 아예 나라를 세운 황제를 문제(文帝)라 했다. 그만큼 문이란 중요한 의미를 담고 있었던 것이다. 글월 문 정도가 아니라는 말이다.

조선 시대의 선비들도 문(文)의 이 같은 중요성을 잘 알고 있었다. 그랬기에 예를 들면 퇴계 이황, 율곡 이이, 우암 송시열 등이 문(文)자가 들어가는 시호를 받았다. 퇴계 이황의 경우 사후에 문순공(文純公)이라는 시호를 받는데 도덕박문(道德博聞), 즉 도덕이 뛰어나고 학식이 넓어 문이라 했다. 문성공(文成公)이라는 시호를 받은 율곡 이이 또한 같은 이유로 문이라 했다. 문정공(文正公)이라는 시호를 받은 우암 송시열도 마찬가지 이유로 문이라 했다. 이들 사이에 순(純), 성(成), 정(正)의 차이가 있을 뿐이다. 말 그대로 순(純)은 도덕박문이 깨끗했고 성(成)은 도덕박문을 이뤄냈으며 정(正)은 도덕박문이 바르고 곧았다는 뜻이다.

나라에서 주는 시호의 경우 문신에게는 문(文) 이외에 정(貞), 공(恭), 양(襄), 정(靖) 등이 있었고 무신에게는 충(忠)을 비롯해 무(武), 의(義) 등이 주로 앞에 사용됐다. 그러나 조선 중기의 정승 이산해(李山海)의 경우 문충공(文忠公)이라는 시호를 받은 것처럼 반드시 정해진 것은 아니었다.

나라에서 시호를 내릴 때는 일정한 절차가 있었다. 먼저 시호를 내릴 만한 사람이 있으면 그 사람의 자손이나 친척들에게 행장(行狀)을 지어 예조에 올리도록 한다. 이때 가능하면 조정에서 명망 있는 사람이 행장을 지을수록 뒤에 가서 좋은 시호를 받을 수가 있다. 동시에 행장의 내용은 시호의 근거가 되는 네 글자로 요약될 것이기 때문에 시호법에 밝은 사람이 행장을 지을수록 좋은 시호를 받을 가능성이 높았다.

이와 관련해서는 문정공 송시열의 일화를 떠올리지 않을 수 없다. 사문난적(斯文亂賊), 즉 간사한 자[邪]를 배척하고 바름[正]을 세웠다고 자부하는 송시열이 숙종 초 경상도 장기에 유배를 가 있을 때 윤증(尹拯)이 찾아왔다. 송시열이 윤휴(尹鑴)와 사문난적 논쟁을 벌일 때 맞상대였던 윤선거(尹宣擧)의 아들이다. 한때 송시열의 제자이기도 했다. 윤증은 현종 10년(1669년) 아버지 윤선거가 세상을 떠나자 박세채(朴世采)에게 행장을 요청했다. 그리고 현종 14년(1673년)에는 송시열에게 묘비명을 부탁했다. 그런데 반년 후쯤에 보내온 묘비명은 무성의하기 그지없는 데다가 은근히 자신의 아버지를 비아냥거리고 있었다. 박세채의 행장을 그대로 옮겨 적은 다음 끝에 "현석(玄石-박세채)이 윤선거를 극히 찬양했기에 나는 그대로 적기만 하고 짓지는 않았다"고 쓴 것이다. 『논어』술이 편에 나오는 술이부작(述而不作)을 패러디하여 사실상 윤선거를 비판하는 취지로 이렇게 쓴 것이다. 원래 술이부작이란 말은 공자의 저술 원칙으로, 편집만 하지 새롭게 내용을 창작하지는 않는다는 말이다. 그런데 그것을 뒤집어 자신의 아버지를 비방했으니 송시열이 아무리 스승이라도 참을 수가 없었다. 윤증은 여러 차례 비문 개정을 요청했으나 송시열은 끝내 응하지 않았을 뿐만 아니라 "내가 비록 공(公-윤선거)을 따른 지 오래지만 그 깊은 학문은 엿보지도 못했다"는 설상가상식의 답변만 보내왔기에 이때 장기에까지 찾아갔던 것이다.

송시열과 윤선거 부자는 서인, 윤휴는 남인이었다. 그런데 윤증이 아버지에 대한 윤휴의 제문을 수용한 적이 있었다. 송시열은 윤증이 남인의 제문을 받았다 하여 이처럼 같은 당인인 윤선거 부자에 대해 박절하게 돌아선 것이다. 송시열과 윤증의 갈등은 결국 서인이 노론과 소론으로 갈라서게 되는 계기가 됐다. 이런 논란 끝에 윤선거는 소론이 집권하게 된 숙종 36년(1710년) 영의정에 추증되고 이듬해 문경(文敬)이라는 시호를 받게 된다. 당쟁 격화는 이처럼 시호를 받는 데도 적지 않은 영향을 미쳤던 것이다. 사실 이쯤 되면 시호는 실제 그 사람의 모습을 담기보다는 미화(美化) 쪽으로 쏠리게 된다.

다시 시호를 받는 절차다. 예조에서는 이렇게 올라온 행장을 봉상시(奉常寺)로 보낸다. 국가의 제사 및 시호를 의논하여 정하는 일을 관장하는 관아다. 이곳이 바로 행장을 검토해 그 사람의 성품과 생애를 네 글자[四字]로 요약하는 관아다. 그리고 후보가 될 만한 시호 세 가지[三望]를 골라 홍문관에 보낸다. 충무공(忠武公) 이순신의 경우 선조나 광해군 때 시호를 받지 못하고 인조 21년(1643년) 3월 28일에야 뒤늦게 시호를 받았다. 이때 세 가지 후보는 충무(忠武), 충장(忠莊), 무목(武穆)이었다.

홍문관에서는 의정부 사인(舍人-오늘날 국무조정실장) 등 관계자들과 모여 최종 검토를 한 다음 서명을 하고서 이조로 넘긴다. 그러면 임금이 최종적으로 세 후보 중에서 하나를 고른다. 인조의 경우 이순신에 대해 충무(忠武)를 골랐다. 이때 충(忠)이란 위신봉상(危身奉上), 즉 일신의 위험을 감수하며 위를 받들었다는 뜻이고 무(武)는 절충어모(折衝禦侮), 즉 적의 창을 꺾어 나라의 치욕을 막아냈다는 뜻이다. 아쉽게도 여기에는 이순신의 공로만 드러나 있을 뿐 인간됨을 알 수 있는 내용은 거의 없다. 네 글자 평판이 국가에 의해 공식화되면서 혹은 정치화되면서 인물됨은 점점 사라지고 외적인 공적만 남게 된 것이다.

그럼에도 불구하고 네 글자 인물평은 우리의 소중한 문화 자산이다. 무엇보다 우리 조상들에게는 사람을 중시 여기는 전통이 있었음을 보여주는 자랑스러운 증거이기도 하다. 어떤 형태로건 복원된다면 지금처럼 사람을 가벼이 여기는 풍토를 고치는 데 조금이라도 도움이 되리라 생각한다. 사람을 가벼이 여기고서는 사람을 알아볼 수 없다.

논어를 읽으면 사람이 보인다

초판 1쇄 2018년 10월 30일
초판 4쇄 2020년 1월 10일

지은이 | 이한우
펴낸이 | 송영석

주간 | 이혜진
기획편집 | 박신애 · 김단비 · 심슬기
외서기획편집 | 정혜경
디자인 | 박윤정
마케팅 | 이종우 · 김유종 · 한승민
관리 | 송우석 · 황규성 · 전지연 · 채경민

펴낸곳 | (株)해냄출판사
등록번호 | 제10-229호
등록일자 | 1988년 5월 11일(설립일자 | 1983년 6월 24일)

04042 서울시 마포구 잔다리로 30 해냄빌딩 5 · 6층
대표전화 | 326-1600 **팩스** | 326-1624
홈페이지 | www.hainaim.com

ISBN 978-89-6574-670-6

파본은 본사나 구입하신 서점에서 교환하여 드립니다.

이 도서의 국립중앙도서관 출판예정도서목록(CIP)은 서지정보유통지원시스템 홈페이지(http://seoji.nl.go.kr)와
국가자료공동목록시스템(http://www.nl.go.kr/kolisnet)에서 이용하실 수 있습니다.(CIP2018032520)